百年後の人たちへ
賢人からの遺言

たいらけく
やすらけく

天河大辨財天社　第六十五代宮司
柿坂 神酒之祐

天河大辨財天社　第六十五代宮司　柿坂神酒之祐

坪ノ内

朝霧

天河の神々の系譜（天河曼荼羅）

天河大辨財天社　鳥居前

◉はじめに

私は奈良の天河神社、正式には大峯本宮 天河大辨財天社の第六十五代宮司として、神様と人様の中執《なかと》りをさせていただいております。

この天河神社は、吉野という場所柄、修験道の開祖である役行者《えんのぎょうじゃ》さんが修行をされていた場所の一つともいわれ、山岳信仰や修験道とも深いつながりを持っている神社です。

また、水や芸能の神様とされる弁天様をお祀りしていることから、今でも、数多くのアーティストさんが国内外からいらっしゃってくださいます。

とはいえ、お参りに来てくださった方ならおわかりのように、この天川村という地は奈良吉野の山の中にあり、少々不便な場所にございます。昔は地図にすら載っていなかったんです。ですから、当時は本当に数えるほどしか参拝者もおらず、誰もこない日すらありました。

しかし、私の心はとても穏やかでした。風や鳥のさえずりなどの自然の音を楽しみながら、毎日、毎日、境内を掃き清めながら、自分の心も掃き清めていました。朝から晩まで、もうずっと掃除ばかりしておりました。しかし、不思議と掃除は飽きないんですね。飽きるどころか、楽しくて、ありがたくて、毎日こんなことをさせてもらっていてええんかな、とすら思っていました。竹箒《たけぼうき》でひたすら掃いていると、無心になり、冥想になります。

また、さまざまな気づきが生まれたり、アイディアが浮かんだりしてきます。

そして、実際に、こういう御神事をやろう、人様にそれを知らせて集まっていただこうと思いつき、私なりの御神事をやり始めたのです。そして、月日が流れ、少しずつですが天河に足を運んでくださる方々が増えていき、わざわざ日本中から御神事や例大祭にも人様が集まってくださるようになっていったのです。富士山でトランスミュージックを流しながら護摩焚きをしたり、海外のミュージシャンが神社で奉納演奏したり、弥山《みせん》という天河神社の奥宮がある場所に登りＵＦＯを見にいったり、普通の神社ではあまりやらないようなことをやってきました。

昔でいえばニューエイジ、今の時代ですとスピリチュアル、精神世界が好きな人たちや、霊能者と呼ばれる方々も神社にどんどんやってくるようになりました。

私が意図したことではありませんが、そのように自然と物事がどんどん運ばれていったのです。

「天河の宮司さんはちょっと変わっているぞ」という評判はちょこちょこ耳に入っ

てきますが、私は気にしておりません。神様は音楽が大好きですし、楽しい波動をお喜びになるはずです。

ですから、みんなで集まって神様のために楽しい場をつくることは決して神様への不敬《ふけい》には当たらないと思うのです。

とまぁ、私の考え方が普通のレールから少々外れていますので、古いしきたりや格式を重んじる神社という世界の中では、もしかして異端なのかもしれませんが、神様への畏敬《いけい》の念、弥栄《いやさか》の世をつくりたいという思いは、誰にも負けないつもりでおります。

ただ、私の性格として、あまり表に出たくないというのがございまして、今回の出版のお話をいただいたときにも、正直、お断りしたかったのです。実はいろいろな出版社から何年も本のお話はいただいていましたが、あるときを境にずっと断り続けていたのです。というのは、本を出して、私の考えをいろいろと並べ立てるよりも、天河に実際来ていただき、天の気を感じていただき、お参りしていただくほうがずっとその方にとってよいことなのではないかと思ったからです。文字や言葉は大切ですが、自分の五感で直接感じることのほうがよりよいと思うからです。

そして、日本中に、有名な神社も素晴らしい宮司さんもたくさんいるのに、私のような田舎の神主が本を出すというのは果たしてよいことなんだろうか、と自問自答したこともあります。

しかし、すべては神様のはからいであり、世のタイミングなのでしょう。そして、この世が大きく進化覚醒していくタイミングなのだと感じます。

また、今年（平成三十年）は天河神社の本殿ご造営三十周年記念の年でもあります。このような大きな節目の年に、本として自分の考えを残しておくのも人様のお役に立てるならばよいことなんじゃないかと思い直しました。

出版社からは、「百年後の日本人へ残したい言葉を」とお願いされたのですが、私からすれば、目の前にいる人にお話することも、百年後の日本人にお伝えしたいことも、まったく同じです。

なぜなら、物事の本質、人の本体は、百年程度で変わるものではないからです。森羅万象のまこと、宇宙のしぐみ（仕組みのことです）は不変であり、未来永劫《えいごう》変わることはないと思っています。

今までの神道の本というと難解な専門用語が多かったり、内容がかたかったり、一般の方の頭になかなかすっと入っていかないものも多かったんじゃないかと思います。ですので、今回はどなたにも興味をもって読んでいただけるようなお話をさせていただいています。やわらかく、やさしく、平たく、まるく、私が今思うこと、感じること、みなさんからよく質問されることの答えなどを気ままにお話ししています。清らかな天川村の水のように、すーっと自然に心の中に沁《し》み入《い》ってくれたらよいなぁと思います。

というのは、いくら本を出しても、みなさまの血肉にならないと意味がないからです。

どこから読んでいただいても結構ですので、今のあなたが必要だと思うページを読んでいただき、なにか気づきのきっかけになってくれれば幸いです。

そして、実際に天河へも足をお運びいただければ、私のお話したことを五感で感じていただけるのではないかと思います。

水、光、風、大地、宇宙を全身で感じられる天河の地でみなさんとお会いできる日を楽しみにしています。

みなさま、ありがとうございます。

柿坂 神酒之祐

百年後の人たちへ
賢人からの遺言

たいらけく　やすらけく

目次

はじめに

一・天の言の葉………21

◉神様ってなんですか？
◉神様は宇宙の響きのこと
◉音のない世界に戻ったら
◉神様が百柱になると「かみづまる」
◉神様を音にする
◉本物の神主
◉たいらけく、やすらけく
◉祈りとはおおらかで純粋なもの
◉後ろ姿を崇められる人になりなさい
◉神社は純粋な感謝を捧げるところ
◉神職は神様と人様の中執《なかと》り役
◉天地人を数字であらわすと
◉気は御霊《みたま》
◉鳥居のはたらき
◉伊勢神宮も縦糸と横糸の気で守られている
◉日本の古代の自然崇拝
◉なにかを議論するのは「かむつどい」
◉神社でのお願いごと
◉神様は遊びと融通と空間が大好き
◉音楽と神様
◉私なりの護摩焚き
◉ホームレスとの生活①目に触れたことを無駄にしない
◉ホームレスとの生活②同じ世界に入って同じ生活を体験
◉ホームレスとの生活③「これをやったらどうなるか」をやってみる
◉世界放浪で学んだこと
◉本当に豊かな人って？
◉どんどん旅をしてください
◉祈りはかたちではありません
◉神様が喜ばれることは必ず実現する

二・地の言の葉……………89

◉言霊の話
◉世界を動かすのは偉い宗教家でなく
自分たち
◉命がわからないとお金がわからない
◉お金と水はどんどん流してあげること
◉天変地異の問題
◉掃除は究極のメディテーションと
御霊磨き
◉生活すべてが冥想になる
◉命をかけられるものを見つける
◉掃除は御霊が清め祓われる喜びごと
◉高野山での思い出
◉弁天様を独り占め
◉「ふとまに」の感覚を大切に
◉自分のものはなにもないし、いらない
◉遊ぶ人のほうが成功する
◉天河に人々が引き寄せられる理由
◉賽銭箱泥棒と自分は同罪
◉一人ひとりの響きが
違うからおもしろい
◉癒しだらけの世の中
◉村おこしは嫌い
◉相手は自分自身の写し鏡
◉鳥の視点でものをみる
◉宗教はそのうちいらなくなる
◉日本語のちから
◉やまとの精神
◉文化とはなにか？
◉今の若い人たちを嘆く
大人たちへ一言
◉えこひいきしない
◉主観の中の客観、客観の中の主観
◉日本語でいう役割とは、
「はたらき」のこと
◉言霊のはたらき

三、人の言の葉……… 163

◉人間はちょっと不良のほうがよい
◉私の夢
◉野生を取り戻す
◉男性に一言
◉生きるということ
◉経済活動にも心がないといけない
◉いらいらしたときのおさめかた
◉人生に迷っている人へ
◉宇宙と調和するための生き方とは
◉UFOの存在
◉遡ればみんなが親戚になる
◉知識だけでは役に立たない
◉人々のお出迎え
◉自分が体験したことでしか
進言できない
◉全身全霊で自然の音を聴く
◉太古からつながる音の響き~五十鈴
◉人は死ぬまで発展している
◉神道は「道」、仏教は「教え」
◉家にも気が通る
◉困ったときの神頼み？
◉風の吹くままに生きるのが
随神《かんながら》の精神
◉おこないの中に哲学がある
◉嘘と方便の違い
◉染み付いた人の想念を
祓ってあげるのが掃除
◉国境はなくなる
◉心が汚れても魂は汚れない
◉男女のご縁も天のはたらき
◉玉砂利にハイヒール
◉昔の先人たちは波動使いの達人
◉痛い、苦しいのは生きている証
◉天河での御神事の意味

◉百年先の意識
◉百年後の世界を想像する
◉ＡＩと宇宙人の話
あとがきにかえて

一・天の言の葉

神様ってなんですか？

「宮司様、神様とはなんでしょうか？」という問いを、これまで一万人以上の人から聞かれています。

「さぁ、なんでしょうね…。あなたたち人間じゃないですか」とお答えしています。それではピンとこない人たちもたくさんいます。「自分が神様なんてありえない」というわけです。神様が人をお造りになった理由は、神様は自分が体験できない、だから、みずからがこの世界を体験するために人をお造りになったと聞いたことがあります。いわば、みんなが神様の分身なのです。あなたも、あなたの隣の人も、向いに座っている人も全員がそうなのです。

ですので、神様とは、あなたたち人間なんです、という答えは各段おかしくはありません。

もちろん、神様なんて畏《おそ》れ多い存在と自分を重ねられないという人も多いでしょう。でも、一人ひとりの中に神様がいらっしゃいます。だから、神社の本殿には鏡が置かれているんですよ。参拝者の方々がお参りするために正面に立つと、その人自身が鏡に映ります。

鏡《かがみ》の我《が》をとると、神《かみ》になる。

人間には自我がありますから、ついつい自分の欲や思いが最優先になってしまうことがあります。世界のため、隣人のため、家族のため、日本のため、美しい惑星地球のためにいいことをしたいけれど、それが後回し、後回しになってしまいがちです。

人間はその我を知るために、自分とは一体何者なのかを学ぶために、この世に生まれてきたのです。

ですから、正確にいえば、人は、神様というよりは、神様の分身であることを思い出すために、今の人生でいろいろなことを体験している人たちということになるかもわかりませんね。

とにかく、神様は見えませんが、この大宇宙をつかさどっている大いなる存在があり、すべての人たちにまんべんなく、わけへだてなく、慈愛を注いでくださっています。その存在は、宗教によってはいろいろな言い方がありますが、根本はみな同じです。それを神と呼んだり、アッラーと呼んだり、ヤハウェと呼んだりするということです。

神様は宇宙の響きのこと

「神様とは、あなたがた人間のことである」と今申し上げました。

それも答えなのですが、そのもっと、もっと奥にある答えは、神様とは音《おん》ではないかと思います。

音、波動、サウンド…、言い方はいろいろありますが、神とは、創造主、法則主の宇宙のサウンドだと思います。惑星、宇宙のサウンドです。

そして、もっといえば、人も動物も植物も海も山も、すべては音からできています。森羅万象は音でできているんです。ですから、私たちは神様とも音で共鳴しているんじゃないかと思います。

しかし、神様は音である、という話は、議論を生んでくると思うんです。

これまでに神様とは一体なにをさすのかについては神職から宗教家、哲学者までが総出で侃々諤々《かんかんがくがく》と議論を重ねてきました。

八百万の神、森羅万象こそが神、宇宙そのものが神…。

もちろん、目に見えない世界ですので、答えは人それぞれ違いますし、証拠を見せることも難しいでしょう。

そして、一人ひとりの答えはすべて正解です。間違いではありません。神様の捉え方は人それぞれ違っていて、すべてがそれでよいのではないでしょうか。

自分の中に神様がいて、宇宙全体が神様である。目の前の人も隣の人も向いの人もみんなが神様であり、葉っぱの一枚一枚に神様が宿り、魚や小鳥の中にも神様が宿る。この世の森羅万象が神様である。

そうすれば、すべての人、すべての生き物に愛情を注げますし、自分が彼らによって生かされていることもわかるでしょう。

実際、そうなんです。お互いにお互いを生かしているのです。

ですから、自分も神様、相手も神様、この世のすべてが神様なのです。

すべてがそれぞれの音を奏でていて、宇宙へその音色《おんしょく》を送っているのです。

音《おん》のない世界に戻ったら

古事記では、大宇宙根源の神を「あめのみなかぬしのかみ」とたたえ、音であらわせば「う」の音で表されます。

「あ」という音、「め」という音、「の」という音…。それぞれに音の響きがあります。すべてが音の世界でできています。

そこで私はふっと考えます。

「あ」という音を、「め」という音を、「の」という音を、一体ご先祖様たちはどのように考えたんだろうか、と。

本来、日本は文字のない世界でした。すべて音だけでやりとりしていました。昔は心の世界であり、心で会話していました。

ですから、私は想像します。

心無い言葉で、相手を傷つけたり、けなしたり、罵声を浴びさせるなんてことはなかったのではないだろうか、と。

必要なことを相手にわかりやすく伝えていたんじゃなかろうか、と。

そして、ありがとうという感謝の心をつねに相手に送っていたんじゃなかろうか、と。

今の時代も、心で会話できるようになれば、この世は平和になります。

この人は間違っている、自分は正しい、という弊害の言葉を生まなくなります。

言葉は相手に気持ちを伝えるためにはとても大切なものですが、一方では相手の心をズタズタにしてしまう剣にもなります。

まさに諸刃の剣なのです。

剣のはたらきを熟知し、剣術に長けた人ならば、上手に扱えるでしょうが、そうでなければ、不用意に相手を刺してしまう場合もあります。

でも、心で会話していれば、そんなことは起こらないでしょう。

言葉は口から出てしまったら、口の中に戻すことはできません。

ですから、口に出す前に、この言葉は相手を思って言っているのかな、自分の考えがきちんと乗せられている言葉かな、とちょっと考えてみるとよいかもしれません。

神様が百柱《ももはしら》になると「かみづまる」

神様は一柱《ひとはしら》、二柱《ふたはしら》と数えていくのですが、百柱《ももはしら》は、完成という意味として私は捉えています。そして、完成しないと本体がわからなくなってしまいます。

たとえば、カップの中にお酒が入っているとして、それが気だとします。限界までカップにつぐと、だんだん表面が盛り上がっていきますよね。表面張力のような状態になります。これが、「かんづまり」です。かんづまる（神留まる）とは、神様がたくさん詰まっているということです。わかりやすくいうと、神様が缶の中にやまほど入っていて、真理が缶詰にたくさん詰まっている状態が、かみづかる、かんづまるということです。

そのわかりやすい例として、神社の本殿の奥にはよく御鏡《おかがみ》がありますが、あの鏡は平らじゃないんですよ。表面がちょっとまあるくなっています。それは、精神性をきちんと形にしてあるのです。かんづまった状態をあらわしているので、いっぱい神様がつまっています。

「これでもうよろしいか？　御用はもうありませんか？」という感じです。

人間の世界に置き換えると、たとえば、会議に会議を重ねて、議論に議論を重ねて、その中で、これ以上のものはもうないというところまで持っていかないと、本当によいものが生まれません。

動物も木々もすべて自然の世界もそうです。それ以上のものはもう降りてこないという状況になったときに、ふわっと神様が降りてきます。

「下界がどうにも騒いでおる。これはいよいよなんとかしなきゃいかん、地球がおかしくなるぞ。まだわからんのか！」となると、みんながわかるようなかたちで神様が降りていらっしゃるんです。

葉っぱ一つをとっても、そうです。

たとえば、葉っぱの表側だけ取り繕《つくろ》ってもいかんのです。同じ葉っぱの裏側もしっかり吟味《ぎんみ》されて、ご納得いただかないと、そこには神様が降りてこないのです。

そのために人間はずっと、ずっと、みずからの内面を磨き上げないといかんのです。

そのためには、冥想をするとか、自分の内面と対話するとか、つねに磨いていかないといけません。

みずからを磨くためにはどうするかというと、やわらかく、平らな言霊《ことだま》を使うということです。

自分自身を磨き上げるためには、情だけでもだめで、智恵だけでもだめなんです。両方を育てていかないといけません。

今持っている自分の心だけで考えるのではなく、和やかで平和な心の中で自分と対話する。考えるというおこないは、脳みその中のコンピュータに入れることですが、そうじゃないんです。ふわっと出て来る言葉をとらえましょう。

神様を音《おん》にする

日本語は、あ、い、う、え、お、か、き、く、け、こ…と各音が独立していて、五十音が確立しています。

そこで、私は、五十神を、宇宙のなりたちに沿って、一枚の紙に書いてみました。神様の名前を五十個書いたのです。あまてらすおおみかみ、あめのみなかぬしのかみ…など、神様の名前を書いていくのですが、神様に神名がついたときには、もうそれはすでに科学なのです。

神様の名前は、すべて音をあらわしているんです。たとえば、雷のゴロゴロという音は、いかづちの神という神様になります。

よく、私は、神社を訪れる人たちにも、「神様の勉強がしたかったら、まずは古事記を百回読んでくださいね」とお伝えしていますが、普通は百回なんてなかなか読み通せませんよね。でも、本当は、古事記を読めば、神様のしぐみがわかります。

私たちは、神様の仕組みではなく、しぐみといいます。

これは、化学方程式です。⊙(マルチョン〔神〕)を中心にして、どんどんまわりに広がっていくというイメージです。

このしぐみは、神道だけでなく、イスラム教であっても、ユダヤ教であっても、キリスト教であっても、すべて原点は同じです。神様のしぐみは世界共通なのです。


そして、この五十柱の神様をあらわした五十神こそ、宇宙の根源をあらわしています。この図は上下の順に偉いとかではなく、神というものは、すべてが平等です。下も上もなにもありません。真上から俯瞰《ふかん》してみたら、上も下もなく、すべてが平らですよね。すべてが同じなんです。

会社だったら社長が一番偉くて、その次は専務、常務、取締役、部長など、上下関係があるでしょう。でも、神様たちの世界はもっと進んでいらっしゃいますので、上下関係を一切もちません。

それぞれがそれぞれのはたらきをただ粛々《しゅくしゅく》とおこなっていく。

そういうかたちになっています。そして、大きな宇宙全体を統治しているのです。

そのごく一部がこの地球であり、その一部が日本であり、私たちのことも見守りいただいているというわけです。

私たち人間も、大きな宇宙のしくみの中の一部として取りこまれていて、それぞれがそれぞれのはたらきを持っています。

いい換えれば、そのはたらきが、この世に生まれた使命、天命です。

ですから、命を粗末にせず、精一杯、与えられた命を尊び、大切にしながら、使命をまっとうとうする。

これこそが、神様も喜ばれることなんじゃないでしょうか。

本物の神主

神主に本物、偽物がいるということではありませんが、今の神社は株式会社みたいになってしまっているところもあります。

ときどき神社ブームが起こり、「ここの神社は○○のご利益があるよ」とか、「このお守りはなかなか手に入らないから価値がある」とか、まぁ、いろいろな情報があるそうです。

どんなかたちであれ、神社に足を運んでくださるのはありがたいことですし、手を合わせてお参りするだけでも神社の気を全身で受けることができますから、とてもよいことだと思います。

ただ、若い人たちやスピリチュアル系の人たち、精神世界が好きな人たちの心をつかもうと思ってなのかわかりませんが、いろいろなサービスを考えたり、なにかの特典をつけたりすることに私は少々違和感を覚えています。

そうしないと神社も存続が難しくなっているという事情も理解できますが、本来、神職とは神様と人様の仲介役です。そして、毎日朝晩神様に人々の安寧と平和と調和を願うというのがおつとめです。

私が知っている昔の神主さんは、お茶で煮しめたような茶色くなってしまったボロボロの着物をきて、神職をされていました。

言い方は悪いですが、本当にみすぼらしいようにみえてしまうほどです。

でも、彼は実に素晴らしい神主さんでした。

また、天河に深いゆかりがある役行者《えんのぎょうじゃ》さんもそうです。神との合一化、宇宙の安寧を祈りながら、日々、粛々と、黙々《もくもく》と、修行を積んでいただけです。

そういう人たちが本物の神仕事をされている方々だと思っています。

私もそのような人格と徳をつんで、少しでも彼らに近づけるように神仕事をしていきたいと思います。

たいらけく、やすらけく

私がもっとも好きな言葉の一つに、「たいらけく、やすらけく（平《たい》らけく、安《やす》らけく）」という祝詞の一節があります。

「穏やかで安らかであれ」という意味です。朝から晩までずっと平和を祈らなくても、この祝詞を日々奏上《そうじょう》するだけで、おのずとすべてが丸くおさまり、自分の心も、この世も、平和になっていきます。これに優る言葉はありません。

神様も平等ならば、人間ももちろん平等です。

仕事中や、家庭生活の中で、もしもストレスが溜まるようならば、この祝詞をご自分でも奏上してみてください。みるみる音《おん》の力が広がっていき、ちからがみなぎっていくでしょう。まわりがどうあろうと、柳のようにたゆみながらも芯は動じず、つねに、ゆるぎない平安の中にいたら、なににも怖れず、なににも侵されず、自分で在り続けることができます。

祈りとはおおらかで純粋なもの

日本語の「いのり」の「い」とは、威です。パーンと一心に自分の中に入ってくるものです。それに乗るのです。それが祈りです。

祈りとは、重く、霊能的なものでなく、もっとおおらかで純粋なものです。そして、響き輝いていくようなものなのです。

神様に向けてというより、森羅万象に向けて祈ります。

そして、神社に行けない人は、家で祈るだけでも十分です。

家の中だと、家族がいたり、なにか落ち着かないという人は、神社へお参りにいってもよいでしょう。足を運び、手を合わせるだけでも心を清められます。

前に話した「たいらけく、やすらけく」という祝詞の一節を奏上してもよいでしょう。「たいらかに、やすらかに、世の中も、自分も、してください」というふうにすると、奏上しやすいと思いますので、ぜひ、お使いください。

このとき、口に乗せて、言霊《ことだま》にすることが大事です。

そして、自分のことを祈るときでも、社会貢献しているということを威風堂々《いふうどうどう》と宣言しましょう。

もしも、「いやー、私は小さな町工場で働いていて、なにも社会に貢献していない」と思っている人がいるとしたら、それは違います。

みんなが一人ひとり世の中で貢献しています。誰もが社会をよくするためのはたらきを十分にしています。

新幹線に乗るのも、なにをするのも、社会へお賽銭をお渡しししているようなものです。知らず知らずのうちに、誰もが社会へ貢献しています。

でも、お賽銭を多く積んだら幸せになれるなんてことはありません。

神様はみんなに平等です。

神に仕える神職たちもお賽銭が多いからこの人を念入りに祈祷してさしあげようなんて考えは当たり前ですがこれっぽっちもありません。私たちはいつも平等な精神で生きています。

後ろ姿を崇められる人におなりなさい

祈りというのは、自分の波動が宇宙へ伝わることです。

もちろん、具体的な願望を成就したくて、神社にお参りにいらっしゃる人もまだまだとても多いです。

たとえば、「娘が〇〇大学に受かりますように」と願い、それが成就したとします。

そうしたら、私はつねづね「その喜びを人様に循環させなさい」とお話しています。

そして、こう聞きます。

「あなたのお子さんはなぜ合格したんでしょうか」。と。

もちろんご本人の努力が一番大きいです。同時に、神様のお力もあるでしょう。

しかし、そのときに、「うちの子は〇〇大学に入学したんですよ」と周囲に自慢するのではなく、こう考えてみてください、と申し上げています。

「その子が受かった代わりに、不合格になった誰かのお子さんがいるんだ」と。

いつも、そこまで考えられる人であってほしいと思います。

当然、受かる人がいれば、落ちる人もいる。ですから、その子の後ろに落ちている人がいることを想像できないといけません。

人の心根《こころね》はすべて背中にあらわれます。顔の表情はいくらでもつくりあげることができますが、後ろ姿はとても正直です。人の心があらわれてしまうものです。ですから、「他人様に後ろ姿を崇められるような人になっていきなさい」とよく申し上げています。

前からの姿でなく、後ろ姿が大事なのです。

ですので、ご自分のお子さんが合格したとしても、妬みややっかみという感情を周囲に沸かせるのでなく、「この人たちは本当に努力して頑張ったのだ」とまわりも素直に感じることができて、「あーすごいな、私も頑張ろう！」と思ってもらえることがこの世への循環になります。

嫉妬などの感情はその人だけに向けられるものであり、ポジティブな結果をなにも生み出しません。しかし、「素晴らしい。私も頑張ろう」という感情はどんどん世の中に派生していき、世界を循環するのです。

ですから、もしも、神様にお願いをして、それが成就できても、「あー、よかった」でなく、その後、その人の精神を磨かないといけません。「神様にはその恩返しをしてくださいね」とも申し上げています。そうすると、自分たちももっとよくなっていくのです。これもエネルギーの循環なのでしょう。

神社は純粋な感謝を捧げるところ

さきほどの続きをお話しましょう。喜び立っているお母様に聞きました。「希望の大学に合格したのは本人の徳ですが、その徳は一体どこからくるのでしょう、そのＤＮＡはどこから来るのでしょうかね」とうかがいますと、お母さんは「ご先祖様です」とお答えになりました。

そう、その通り、ご先祖様たちからさまざまな才能や応援をいただいているのです。誰もがそうです。

私も「あなたがたをずっとお見守りしてくださっているのはご先祖さまたちなんですよ」とよくみなさんがたにも言っています。

その御先祖様たちを尊ぶという心をいつも持つことです。ご先祖様たちに「お蔭様です。ありがとうございます」という感謝の心をいつも持っていてください。

本来、神社も願をかけるところでなくて、感謝を捧げる場所なんです。

それも、純粋な感謝をお伝えするだけです。

ですから、そういう神聖な場所である神社で、無心に無欲に神様に感謝を捧げたら、神々からたくさんの光をいただくことができるのです。特殊な人だけが光をいただくんじゃありません。言霊《ことだま》を受けて、誰もが平等に光をいただくのです。

神職は神様と人様の中執り《なかと》役

たとえば、深刻な病気の方のご家族が最後の最後に神頼みをしたいと思われて、お参りをしたとします。「主人は余命数ヶ月といわれました」という方たちもたくさんいらっしゃいます。

でも、神道には、「病気を治してください」という祝詞は一つもないのです。よく間違われるのですが、神社が人様の病気を治すわけでも、神主が病気を治すわけでもないということです。

神主にお願いして病気平癒などの祈祷される方もたくさんいらっしゃいますが、神主はあくまで神様と人様の中執り《なかと》をするだけで、あなたがあなた自身のために（またはご家族のために）病気が平癒するよう、祈るだけなんです。

我々神職は、神様にまことをお伝えするだけです。神様とみなさんの間を中執りをするはたらきだけです。

病気の人のために、祈って、祈って、祈り切るだけです。

そうして、病気が平癒して、我々神主の元に再び足をお運びいただき、感謝の気持ちを伝えてくださる人がいますが、そうではないんです。

「私たちにお礼をいわれても困りますし、決してそんなように思わないでください」とつねづねお伝えしています。

そして、「我々は中執りしただけであって、あなた自身の命が開花して、内なる御霊《みたま》がはたらいたのです。そして、神様と一体になったんです」とお話しています。

天地人《てんちじん》を数字であらわすと

天は、無限であり、大宇宙です。インフィニティ（∞）です。数でいえば、八です。地は、数でいえば六です。地球上のすべての現象は六角形で成《な》っています。この世のすべては六角形です。蜂の巣も、雪の結晶もすべて六角形です。自然をよく観察してみてください。

そして、人は、小宇宙です。宇宙と、人間の構造は、同じかたちで成り立っています。ですから、人は、宇宙の縮小図です。大宇宙と人（小宇宙）は相似形です。となると、我々一人ひとりは、星なんです。違う星をもつ、違う個性の人たちが集まって、大きな、大きな銀河系をつくっているんです。

天をあらわす八は、音《おん》の世界では「や」です。
地をあらわす六は、音《おん》の世界では「む」です。
八と六を足したら十四になります。

十《とう》と四《よん》ですから、十四は「とよ」と読みます。「とよ」を漢字に直すと、豊です。

一＋四＝五になり、五は、すべての中心になります。

ですから、なにかのむすびをすると五になるんです。

天地人とは、天の気、地の気、人の気が一体となり、すべてが豊かな状態であり、すべてのものがお互いに与え、与えられ、すべてがエネルギーに満ちている状態といえると思います。

気は御霊《みたま》

神道では「気」という表現はあまり使いませんが、御霊《みたま》と考えてもよいと思います。神道的には、「気＝御霊《みたま》」といえるでしょうね。

古来、日本では八百万の神を信仰していました。海も大地も木々も動物も人間もすべてが神様であり、宇宙も大地も、この世の森羅万象はみずからがいきいきと輝いているという考え方です。大地も、昆虫たちも、小鳥たちも、動物たちも、みんなぜんぶ尊い命です。我々と同じ命です。それらを敬い、崇め、感謝する心を昔から「自然崇拝」というのです。

命あるものは私たち人間とまったく同じ状況であり、その上でお互いにお互いを慈しみ合い、助け合い、共存しているんです。

「人間は動物たちとは違うのだ、人は小鳥じゃないんだ」という意識なんてまったくありません。物言わぬ大地だって、私たちとまったく同じです。

意識を持っています。命があります。ゴミを捨てたり、汚したりして、大地をな

いがしろにする行為は、自分たちを汚して、ないがしろにしているのとまったく同じです。それは不敬です。

鳥居のはたらき

鳥居は神社の門のように思われていますが、実は精巧なアンテナのようなはたらきをしているのです。

神様たちの世界と私たち人間の間を取り持つ仲介役のようなはたらきです。双方が発信している、眼に見えない響きを、キャッチして、双方に送り返しているのが鳥居なのです。

「神様、よろしく頼みます」というこちら側の祈りの波動をキャッチしてくれて、神様にお伝えしてくれて、同時に、そこにいらっしゃる神様の「よく来てくれましたね」という波動を、鳥居を介して私たち人間に送りかえしてくれています。

また、鳥居は二本の太い柱で立っていますが、実は真ん中に、目に見えない三本目の柱があるといわれています。そして、参道の真ん中は正中《せいちゅう》と呼ばれていて、神様の通り道になります。

ですから、神職たちは、参道を右から左へ横切る際や中央を渡らないといけないときには、こうべ（頭）を垂れて通り抜けるんです。中心に神様がいらっしゃると考えられているからです。

よく神社の境内などで、光の柱が一本垂直に通っている写真などを撮影できる人がおりますね。

時々「こんな写真が撮れたのですが、一体これはなんですか」と聞かれることもあるのですが、「自分自身のエネルギーと、天の神様の光と、大地のエネルギーが発する光が合一したもの」だとしかお答えできません。

実は、私にもそういう体験があります。昔、自分が撮影した写真の中で、杉の木の中に

能面があらわれたのです。

ある方に相談すると、「この地には南北朝の御霊《みたま》が敵も味方もうようよしている。想いというのはすぐに消すことができない。供養して想いをすべて消し去ってあげることがよいのではないか」と助言をいただき、なるほど、と思いました。ここ天河は、弁財天を中心とした一帯にさまざまな想いが渦まいているから、南北朝の想いを供養して差し上げようと思い立った発端はこの一件なのです。

昭和五十六年頃、日本各地からさまざまな修行者や関係者が二百名ほど集まってくださり、南北朝和解の供養をしました。そのとき、はじめて、天河の五十鈴《いすず》を使いました。そのご供養をさせていただいてから、写真にうつる能面は消えました。想いが天に向かったのではないでしょうか。

とまぁ、神社には不思議なお話がたくさんあるんです。人の御霊《みたま》も神様の存在も、目に見えませんが、まちがいなく在るのだということをおわかりいただけるかと思います。

伊勢神宮も縦糸と横糸の気で守られている

伊勢神宮は、お社《やしろ》で「かた」を示しているんです。伊勢神宮は外宮、内宮にわかれていますが、外宮は大地の気をあらわし、内宮は天の気をあらわしています。大地の気は横糸、天の気は縦糸になりますから、それぞれの気が十字に交差しているんです。ですので、参拝される方々はその場所を通ると、気持ちが清められ、身体にもエネルギーが満ちて、とても清々しい感じを受け取ることができるのです。いうなれば、縦糸と横糸は、見えない世界の「かた」をあらわしてます。これを悟らないといかんのです。

それと、伊勢神宮だけでなく、天河神社もそうですし、すべての神社にいえることですが、先にもお伝えしましたように、鳥居の中心には、目に見えない一本の柱があります。この柱を感じないとダメなんです。この見えない気を感じて、気を受けることです。

これは物理的に証明できる世界にまだいっていませんし、教えてもいけません。

教えの世界に入ってくると、教えられた人たちは凝り固まってしまいます。頭の中にポンと入って、その知識が凝り固まってしまうと、なかなか取れません。もっと平らに、もっとやわらかくしていないといけません。

頭の中になにかがインプットされてしまうと、そのインプットされた頭で神社にお参りします。それだと平らで無垢な心でなくなってしまいます。

人生、すべて平らに、平らにいきましょう。

なにかに、だれかに、コントロールされないように。

鳥居と同じように、人間もそうです。二本足で大地に立っていますが、中心に三本目の軸があります。そうイメージしてみてください。中心にある見えない柱がぶれると、自分というものが定まらず、人の意見に流されてしまったり、自分が一体なにをしたらいいのかわからなくなってしまうんです。

ですから、両足をしっかり大地につけて、自分の身体の中心にも三本目の柱がしっかり通っていることをいつも感じて生きていきましょう。ゆるぎない柱が通っていれば、なにが起こっても大丈夫ですよ。あなたがあなたでいることができるんです。

不動の自分の軸を持っていれば、なにかに、誰かに左右されない人になれますし、見えない気を悟れるようになるんです。

日本の古代の自然崇拝

私は将来的には神社の社《やしろ》はなくなり、神奈備《かんなび》（神道における、御神霊が宿る御霊代《みたましろ》や依《よ》り代《しろ》を擁《よう》した領域のこと。神域）となると考えています。

お社というかたちではなくなるんじゃないかなという意味です。
と申しますのは大きい岩や大木や、お山全体、そして川や海、そこに目に見えない大宇宙根源から、御神霊が天下るという神事《かむごと》が斎行《さいこう》され、縄文の時代のような共存共栄の祭祀《さいし》を執り行うことになると思うからです。

そして現在ある建物としての社は、あまり重要視されず、自然そのものと一体になる、透明で覚醒された時代がやってくると思うのです。

お社がなければ神社の機能が停まるとか、神様と人様のむすびのお役目が果たせないなんて思ったことは一度もありません。

最終的には一人ひとりが神様の境地となって生きていくようになるから、そのときには象徴物はいらなくなるでしょう。お社もいらなくなるでしょう。

すべては自分の中にあるからです。
しかし、そこまでいくにはまだ年月がかかると思います。人はなにかの依《よ》り代《しろ》を必要としているからです。
ですので、それまでは信仰の対象として、弁財天様に鎮座していただくことも、必要なのではないかなと思っています。

なにかを議論するのは「かむつどい」

いろいろな考えの人たちが集まって議論をすることがあります。これは、議論であって、喧嘩ではありません。

人々が集まって、あーでもない、こーでもない、じゃあどうしたら一番いいんだといろいろな知恵を集めて話し合う場はとっても大切なんです。これを、私は「かむつどい（神集い）」だと思っているんです。

とても前向きな議論ですので、お互いに、腹なんて立ちません。私のほうが正しいというのはいつのときも言い切れないし、相手が正しいとも言い切れない。互いの考えを話し合って、一番よいだろうと思えることに結果を置く。

これは、喧嘩でも言い争いでもありません。

今の時代、相手とぶつかりたくないから話し合いを極力避ける風潮があるようですが、みんなにとって、一番よいことを考えるのに、意見が異なる人たち同士が話し合うのは当たり前のことですよね。

そんなことも避けていたらなにも生まれないし、なにも前に進まない。

みんなで顔と顔を合わせてきちんと話し合う。

これこそが、かむつどいです。

神様たちもしょっちゅう下界の物事を腕組みしながら集まって話し合っているんじゃないですかな。みんなで知恵を出し合う。互いの意見を聞く。自分の意見を語る。

神様の世界も、人間の世界も、根っこは同じではないでしょうか。

神様たちも和合して、理解し合えるんですから、人と人だって、理解し合えるはずです。

神社でのお願いごと

神社へ行き、人はいろいろなお願いごとをします。

本来、神社は感謝を捧げに行く場所なのですが、人間ですから、そのときどきでお願いごとをしたくなるのでしょう。

お願いごとをするときは、「今日の商談がうまくいきますように」というようなお願いごとより、「なにか間違いがあったら教えてください」とお願いしたほうがよいでしょうね。

祈りとは本当に不思議なんですよ。毎日毎日、神様に感謝して、祈りを捧げているとと、だんだんに、祈った本人の意識が知らず知らずのうちに変わってくるんですね。潜在意識に入り、無意識の世界に入り、空の領域、そして、宇宙意識へと入っていきます。

そうなったら、純粋な信仰に入ります。そして、他者を愛し、他者に愛される自分になっていきます。

そこは、神官になっても必ず到達できる領域とはいえません。

全員がいける領域ではないんです。

そこまでいけば、なんにもゆるがない自分でいられます。

私はそこの領域まで入ってしまっているものですから、人様に対してもそのはたらきをしっかりしないといけません。

そういう領域に入るためには、自分一人の努力だけですべてが達成できるわけではありません。ご先祖様たち、土地の神様たちのおちからもとても大きいと思います。

ですので、みなさんも自分の産土様《うぶすな》（自分が産まれた土地の神社）や、氏神様《うじがみ》（暮らしている土地の神社）にきちんとお参りしてください。産まれた場所の大地のエネルギーや住んでいる土地のエネルギーは、その人にとってとても大切なものです。どちらもあなたがたをずっと見守りくださっているのです。

ですから、神社へお参りに行き、今の瞬間も生かしていただだている感謝をお伝えしてください。そうすると、そこからも、あなたにいろいろな指令が入っているはずですよ。

神様は遊びと融通と空間が大好き

私が、神社でおこなう祭りごとのことを「今日は遊びをいたします」というと、一部の人たちは「神様にむかって、遊びなんて言葉を使ってご無礼な！」とお怒りになる人もいるんです。でも、遊びって悪い言葉でも無礼な言葉でもありません。神様は遊びが大好きなんですよ。楽しいことが大好きなんです。構えて真面目に硬くなっているのは勝手に人間がやっていることです。

どんな団体や組織も大きくなっていくと、ある意味、軍隊式になっていきます。決まり決まりばかりで、すきまなくガチガチにつめこんでしまうと遊びも空間もありませんから、しんどくなります。本人もしんどいし、まわりも楽しくありません。そんな無理をしても、誰も喜びません。神様も喜ばれないと思います。

まずは、自分が遊びと融通と空間を楽しんでください。自分が楽しめば、まわりも明るく照らします。神様もその明るい波動で楽しくなります。

それから、どんな状態のときでも「ま」を大切にしましょう。

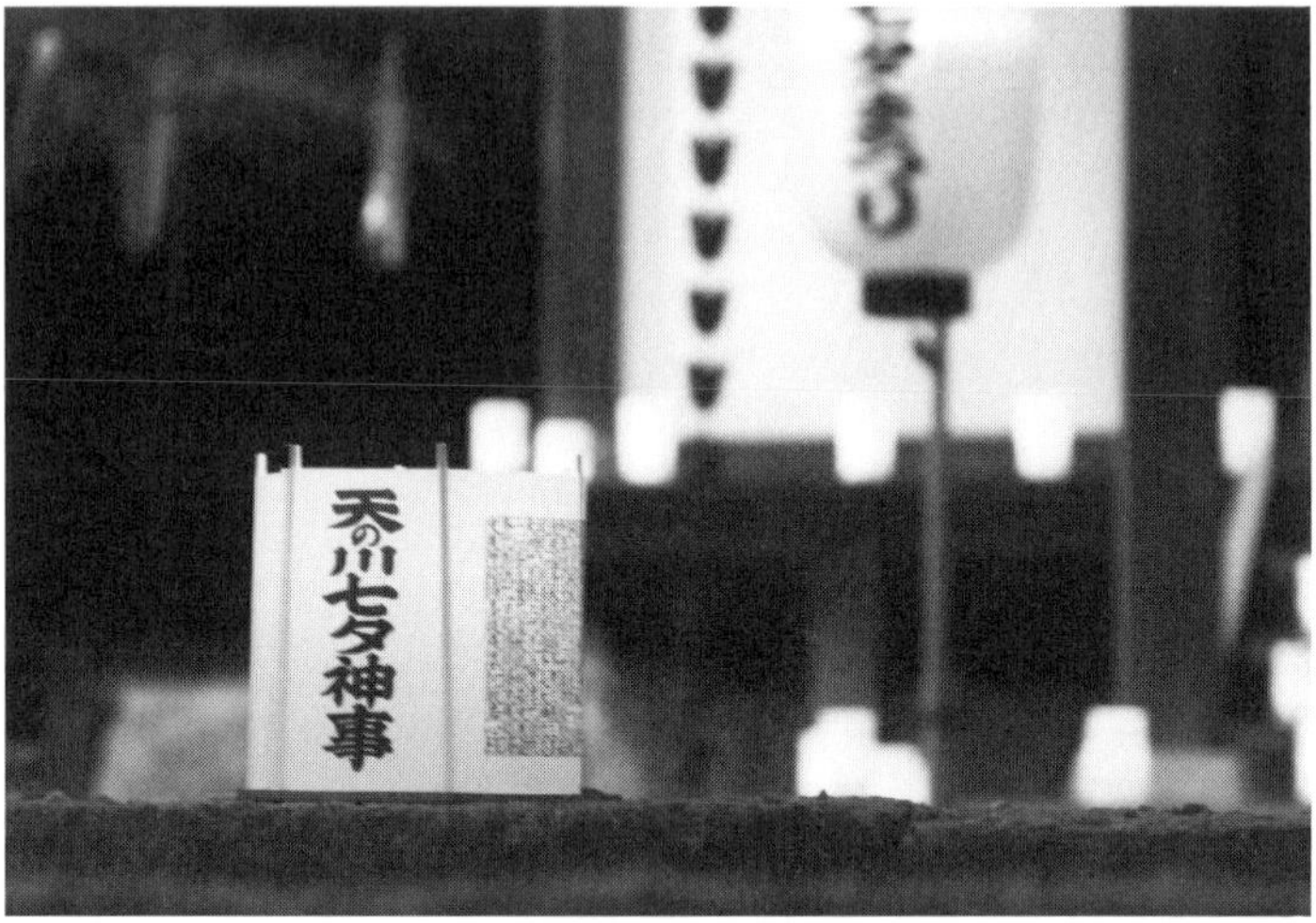

「ま」という言葉は、融通をあらわします。「ま＝間」ですから、空間のことです。車のハンドルにもあそびがなければいけませんが、これも間なんです。

ですから、楽しく、間をつくって、自分たちのはたらきをしましょう。

困ったときや窮地に立たされたときこそ、まをつくること。

人生、息苦しくないように、いつも、まをつくっておきましょう。

音楽と神様

私はもう四十五年くらい音楽を使った御神事などをやっています。

それも、世界中からさまざまなジャンルの音楽家がいらっしゃって、奉納演奏してくださるので、レゲエからラップ、トランスミュージック、テクノミュージックなど、とても賑やかです。

神社でそんな音楽を演奏させるなんてけしからんといって、いろいろなところから叩かれていますけれど、やめるつもりはありません。神様は音楽が大好きです。楽しい響きが大好きです。

神社というと、雅楽など優美な和楽器のイメージがあるかもしれませんが、どんな音楽でも心が入っていて、まことがあって、命と情熱が吹き込まれていれば、それは素晴らしい音《おん》なのです。

人の命に響くサウンドが奏でられるならば、それは神様への奉納です。

そういう音楽はジャンルがどうであれ、お経や祝詞と同じくらいの力があり、天へ振動を発するんです。

ですから、これからも、いろいろな音楽や芸術を神様に奉納させていただき、神様に喜んでいただきたいと思っています。

私なりの護摩《ごま》焚《た》き

天河神社では、大切な御神事のときに護摩焚きをいたします。毎回思うことですが、護摩焚きによって、神聖な炎がメラメラと上がり、煙りが勢いよく天空へと昇り立つさまは、本当に心がスーッと清められる気がいたします。

ある年の護摩焚きでは、本当に「あ、今まさに龍神様が降りてきてくださったな」と思えるようなことがありました。煙が龍神様のお姿となって、境内をスーッと流れていかれ、天へとふわっと昇っていかれたのです。あのとき、その場にいらっしゃった参拝者のみなさんや護摩焚きを一緒におこなってくださった山伏のみなさんも気づかれたと思います。そのくらい、あの瞬間は感動的なものでした。

今の日本では、中国から来た密教的な護摩が多いですよね。室内で行う、もう完成された護摩なので、いろいろな危険や面倒がなく、それはそれで今の時勢に合っているのだと思いますが、私としては正直あまり魅力がないんです。役行者はあのような形の護摩を焚いたとは思えません。修験道の護摩焚きはもっと原始的で野性的なので、とても力強く天への振動が伝わるのです。

準備が大変でも、たくさんの人数が必要であっても、やはり、天空の下、大地の上で護摩焚きをして、もくもくと煙を立ち昇らせ、メラメラと炎を燃やしていき、野生的な護摩焚きをおこなっていきたいと思っています。

ホームレスとの生活①
目に触れたことを無駄にしない

私は神様にお仕えする仕事をしてから五十年以上ですので、それはそれはたくさんの方々にお会いしてきました。ありがたいことに、世界中、日本各地からさまざまな年齢、職業の人たちが会いにきてくださいます。

その中で、私は、人に気を遣わせないような方法で気を遣うことを学びました。


人は、相手に気を遣わせたら終わりだと思います。その方法はとても簡単です。無理に和やかにするとか、無理になにかするのではなく、自然に、真心をもって、相手を迎えてあげたらいいのです。

たとえば、大切なお客様が来るとして、こちらが構えて出迎えたらいかんのです。

それは相手も気を遣います。私も気を遣います。

それではよろしくないのです。そんなの必要ないんです。

相手が偉いとかそうでないとかもまったく関係ありません。

偉い人もホームレスも同じです。みんなが同じ人間です。

もう五十年前の話ですが、私は、大阪のホームレスの中に入っていって、彼らと一緒に生活するという体験をしたことがあります。

なぜそうなったかというと、ある日、所用があって、天川村から大阪まで行ったときに、ホームレスの人がいらっしゃって、ポケットにあった小銭を入れてさしあげました。一円だったか、十円だったか、百円だったか、もう覚えていないのですが、その後、電車の中でずっと考えていました。

彼らにとってお金を渡したことはよいことをしたのかもしれないが、本当の施しとは一体なんだろう、と。

小銭を彼らに渡してあげることは、本当の施しではないんじゃないかと思ったのです。

このことをずっと考えながら、電車に揺られて、天川村に戻ってきました。

それから私はどうしたか？

私は、ホームレスの人たちの中に入っていくことにしました。

私の本質は、わからないものは自分で体験してみるということです。外側からでは、決してその真実に触れることはできないんです。

自分の目に触れたもの、体験したこと、感じたことを無駄にはしないことが大事なんです。そして、そこから、自分なりの考えを導き出すことです。

目の前でただ風景が流れていき、そのあとなにも考えないのでは、見たことになりません。見たことを自分がどう感じて、どう思い、どうするのか。どう行動するのか。どう自分の内面に納得させるのか。どう内面に栄養滋養とするのか。

などなど、いろいろと自分の中で発展させないと、目で見たことがとてももったいないのです。すべてが自分の血肉となり、体験となり、智慧となります。

一つひとつがすべて学びとなります。

ホームレスとの生活②

同じ世界に入って同じ生活を体験

さて、そのホームレスの一件でいろいろと考えた後、次に、私はホームレスの人たちにお金を渡すのではなく、彼らと直接話すことにしました。

でも、私が近づいていくと、彼らはさっと逃げていくのです。

「どうして逃げていくんかなぁ。自分は、本当の自分がまだできていないんやな」と、自分を責めたりしましたし、彼らからそれを気づかせていただきました。どのような人からも学ぶことはたくさんあるんだということも学びました。

しかし、懲《こ》りずに、彼らの集まっている場所に再び行ったとき、同じ場所に同じ人が大体座っているのですが、また彼らは私から逃げてしまいました。かれこれ二十回くらい行ったでしょうか。でも、毎回逃げてしまいます。「人間が人間に嫌われるようなことじゃしょうがない」と肩を落とし、落ち込んだものです。

それで、どうしたか?

「よし、それじゃ、自分もホームレスになってみよう！」と決めました。そうして、彼らの中に入ってみることにしました。

まずは、彼らを見習って、ベンチにずっと座っていました。三日間くらいそこに座っていると、暑いし、だんだん汗臭くなるし、自分が匂っているのがわかります。

三日目の朝、夜明けの晩というカゴメカゴメの歌のようですが、暗いんだけど、夜が明けていく、そういう時間に彼らがパーッと動き始めるのです。私もやっとそういう匂いがしてきたのでしょう、ホームレスの方が、はじめて、にこっと私に向かって微笑んだのです。

彼らも三日くらい外から来た私を様子見していたのです。ホームレスの人たちに認めてもらえたことが嬉しかったですね。こちらが構えるから、あちらがかみつくんです。

そのようにして、仲間の一員になり、だんだんに彼らの暮らし方が見えてきました。ホームレスにもちゃんとシマというか縄張りがあることもわかりました。そして、なんと上納金制度まであったのです。そのシマでの一番偉い人がいて、上納金を払わないといけないんです。そのグループを取りまとめている、いわゆるシマの長《おさ》とも会いました。

その人に、「ホームレスの人たちを天河に連れていくので、それをお許しいただけますか？」とおたずねしました。そして、了承を得て、彼らを我が家にお連れすることにしたんです。

うちの家内には少々嘘をいって、あるやんごとなき身分の高い方がいらっしゃるからよい接待をしてくれるようお願いしておきました。

そして、最初は一人の方をお連れして、お風呂に入れてあげて、次にビールをお出ししました。とてもおいしそうに飲みました。

たとえば、今の時代、ビールをビールだと思って意識してありがたく飲むという感覚がなくなってきているように思います。

とりあえずの乾杯のためという感じで、乾杯が終わって、無意識に飲む、周囲の人と話しながらなんとなく口にビールを運んでいるということが多く、儀式化されてきてしまっています。

でも、ビールをビールとして愛して、一口づつ堪能して十二分に味わって喉に運ぶ姿を見ると、ビールへの感謝や尊敬を感じます。

そのものに純粋に感謝してありがたくいただくということが人間の根源のような気がしました。

そのホームレスの人に、「掃除して運動しませんか？」とお誘いして、一緒に竹箒《たけぼうき》で境内を掃除しました。

彼らはほとんど話さないので、相手がこちらに話かけてきたらしめたものです。彼らと心が通じたのだと思い、嬉しくなりました。

彼らはホームレス生活をしているうちに、自分はどうしたい、とか、自分はこうなるべきだ、とか、そういうものが消えていき、自然体になっているようです。

しかし、定住を好まない性質のためか、彼らはそのうちにいなくなります。私は私の中で、村で村人になにか危険があったらどうしようという不安な気持ちもありました。

そのホームレスの方には多少のお金を渡しておきました。喉も乾くだろうし、タバコも吸いたいかもしれないと思ったのです。

いなくなったホームレスの方が一体どうなったかというと、そのホームレスの方はそのお金を使って、駅まで行ってちゃんと古巣へ帰ったようです。その道中、なにか悪いことをするとか、周囲の人に危害を与えるとか、そういう危険性もなくはないですが、おそらく大丈夫だったと思います。

果たして、私の試みはどういう成果があったのでしょうか。もしかして、そのときの試みは失敗したのかもしれません。更生させようというような大それた目的でおこなったことではありませんでしたが、人生の中でそういう体験をして、なにかを感じてくださっていたらなぁと思いました。

彼らは一人ひとりが素晴らしい能力をお持ちです。それまでの仕事で磨いた技能や技をお持ちの方もたくさんいらっしゃいます。そういうものを少しでも発揮するきっかけになればよいなと思ったのです。

ホームレスとの生活③
「これをやったらどうなるか」をやってみる

「ホームレスの仲間になって、彼らを人を家に呼ぶなんて、後先考えず、そんなアホなことをやって…」とあきれる人のほうが多いかもしれません。

でも、これをやったらどうなるのか、という考えをみずからの行動をもって示してみる。試してみる。結果は成功か失敗かはわかりません。でも、やってみることに意義があるように思います。

今の時代、先々の結果まですべてコンピュータで予想したり、分析したりして、やる前から答えがわかったような気持ちになってしまって、「じゃあ行動に移すのは無駄になるからやめておこう」となったり、もうすでに自分でやった気になったりする人が多いんじゃないでしょうか。

でも、本当にやってみましたか？　実際に自分の頭で考えたことを行動に移すことが大事なんです。もちろん、その行動の根底には他者や森羅万象への愛が流れていないといけません。

利己でなく、利他の心が原動力になった行動は、いつの日か花開きます。

私はそう思っています。

なにもみなさんにホームレスの仲間になってみてほしいとお伝えしているわけではありませんが、体感しないとわからないことがこの世界にはたくさんありますよ、といいたいのです。

五十年以上前の体験ですが、今なお、私の心の中にあのときのホームレスのみなさんのお顔が刻まれています。「あのとき、そういえば、なんか変わった男がおったなぁ」程度でもよいので、私のおこないが彼らにとってほんの少しでもなにかよい影響を残せたら、まことに嬉しい限りです。

世界放浪で学んだこと

私は実に動物的な人間です。

若い頃、友人と二人でアマゾンにあてのない旅をしたことがあります。方位磁針だけ持って、南米のコロンビアからチリまでずっと南下しながら歩いていったのです。当時のアマゾンは本当に純粋で原始の森が残っていました。シャーマンなどと名前がつけられるもっと前の時代です。ジャングルの中で毛虫も食べたし、いろいろな原住民の儀式へも参加しました。宗教とはなにかをフィールドワークで自分の身をもって理解したいと思っていたのも、アマゾンに行った理由の一つだと思います。

あるとき、アマゾンの深いジャングルの中を、野宿用の重いテントを担ぎながら、歩いていました。当時は今のような簡易テントじゃなくて、本当にものすごく重いテントだったんですが、それを背負いながらえっさほいさと歩いていると、だんだんと陽が暮れてきて、彷徨っていると、遠くにポッと灯りが見えました。

アマゾンの奥地に勝手に入っていったのですが、私たちの足音が聞こえて、現地の人たちが出てきました。

これはまずいかな、怒られるかなと二人で内心冷や冷やしながら立っていたら、現地の人が「中に入れ」と言ってくれて、その家族の御宅に泊まらせてもらったのです。現地の料理を御馳走になったり、アマゾン川で子どもたちと遊んだり、ハンモックで寝かせてもらったり、それは楽しい体験をさせてもらいました。

一つ忘れられない思い出があります。私たちは石鹸を持っていて、川で子どもたちを石鹸で洗ってあげたら、逆に子どもたち全員が熱を出してしまい、余計なことをしてしまったなと反省しました。生態系を壊してしまったのかもしれません。

その土地ではその土地にふさわしい生き方があり、よかれと思っても、文明を持ちこんではいけない時があるのです。その土地ではその土地の文化や生活があり、それにこちらが合わせていかないといけないんだと勉強になりました。

「こうすればいいのに」、「ああすればもっと楽なのに」とか、日本人の目線でみれば、当然、いいたいことは山ほど出てきます。

でも、彼らは何百年も営々脈々とその方法でやってきたのです。そうやって生活文化を守ってきたんです。

ならば、こちらがそれに合わせるほうがよっぽど自然です。世界に入ったら、その世界の文化をまるごと尊重する。こうべを垂れて謙虚にその中に溶け込む。これが世界と融合し、世界と一体になり、世界を理解する近道なんじゃないなぁと思っています。

また、他にもアマゾンの部族の方々から学んだことがあります。その当時、ある部族が、長年住み慣れた森からすみかをどんどん変えていかざるを得ない状況になりました。その原因は定かではなく、敵から逃げていったんだろうとか、他の部族から追われていったとみる学者さんもいるようですが、私はそうではなかったと思っています。

もしも彼らが逃げていくという意識があれば、戦うという意識も芽生えるはずです。でも、そうでなく、場所の譲り合いをしていった結果、奥地へ移動していったんだと思います。

そのとき、なにか大切なものを明け渡すという精神を彼らから学びました。喧嘩せず、執着せず、調和して生きる。

もしかして、今の日本や世界で偉い人たちが一番できていないことなのかもしれません。

本当に豊かな人って？

もう少し、アマゾンの話の続きをお話しします。あるとき、現地の人たちに連れられて、ジャングルで狩りをしました。といっても、私たちはただ後から付いて行って、見ているだけでしたが。そのとき、一匹の猿を彼らの一人が仕留めました。

内心、「わー、これをどうするんだろう」とそのときは焦りましたよ。日本では狩りをして猿を食べるなんて風習はないんですから。

でも、彼らは食べる分だけしか狩りをしませんし、血一滴すら無駄にしません。それはまったく見事なくらいにキレイに食べて、残った骨などは飾りにしたりします。なにも捨てるものはありません。

いただいた命をまるごと大事に使わせてもらうんです。

今の日本では飽食《ほうしょく》といいますか、いつもスーパーには食べ物が山のように並び、ちょっと賞味期限が近くなったら廃棄処分にしたり、形の悪い野菜や果物を商品にならないからといって畑に捨ててしまったり、命をつないでくれる食べ物をとても粗末に扱っています。

猿を狩って食べるというと、野蛮だとか、原始人のようだとかいう人もいるかもわかりませんが、考えてみてください。

自分たちの食べる分だけ狩りをして、家族全員の命をつなぎ、血の一滴も無駄にしない食べ方と、過剰生産して、まだ食べられるものをどんどん捨ててしまう現代の私たちの生活では、どちらが自然の理に叶った生き方なのでしょうか。どちらが野蛮なんでしょうか。

今は豊かです。物が有り余っています。インターネットというもので（私は一切やりませんが）なんでも簡単にボタン一つで物が買えるそうですね。

でも、物を多く持つ人が豊かな人ではありません。

心が豊かな人間が、本当に豊かな人だといえるのではないでしょうか。

どんどん旅をしてください

私は高校生のときにはすでに旅人でした。家族の者にもなにもいわずにふらっと旅に出てしまっていて、なにをしているか、親はまったくわからない。どこに行ったかわからない。心配をかけてばかりいましたが、そういう旅の経験も今の考え方の大元になっています。

天川村は山ですので、ふらっと旅に出て、広大な空と果てなき海を眺めながら、思索にふけったりしていました。完全に目的のない旅です。

高校時代の最初の旅も、一人旅でした。お金もないし、なにか現地で学んでこようという気もないし、単に「空は広いなぁ。海も広いなぁ」と感動したり…。何をやりたいからどうするという感覚もありませんでした。

そんな目的もない旅をしていると、必ず、誰かと遭遇するんです。

船の船長だったり、漁師のおじさんだったり、まぁいろいろな人たちと出会い、ご縁が生まれていきます。彼らから心安く船内を見せてもらったり、装置をさわらせてもらったり、なにか御馳走になったり。今のような難しい話もなく、もっとシンプルで素朴でおおらかな時代だったのです。

あるとき、半年くらい出航してしまう船にただで乗せてもらいました。船内では荷物の上げ下ろしをしたり、肉体労働をして手伝いましたけどね。そして、香港で降ろしてもらい、その後、一人でロシアに行きました。それも特に目的があったわけではありません。なんとなくロシアに行ってみようと思っただけです。

それ以外にも、フィリピンに行ったり、南米に行ったり、まぁ、いろいろな国に旅しました。ちなみに、最初にフィリピンの心霊治療を日本に招いたのは私なんですよ。

それは置いておいて、旅をしていて感じたことは、人間はみ～んな一緒だということ。嬉しければ笑い、悲しければ泣く。人種も肌の色も言語もそんなものは関係ありません。みんな、人の本体は同じ、心は同じです。同じ時代に、同じ地球に生まれ合わせた大切な仲間です。それなのに、国同士で、利権やら名誉やらなんやらで戦って、一般市民が今なお命を落としています。

いろいろな国へ行き、いろいろな人たちと出会えば、一緒に食事をしたり、窮地を助けてもらったり、船に乗せてもらったり、寝床を提供してもらったり、いろいろな思い出ができます。旅をしていけば、いろいろな国にそういう貴重な友人が増えてきます。もしも、戦争になったら、あなたはその友人たちと戦えるでしょうか。仲間に向かって爆弾を落としたりできるでしょうか。

人はみんな同じなんです。それを体験するためにも、どうか、どんどんいろいろな場所へ旅してみてください。世界を、地球を、感じてみてください。

インターネットではなにもわかりませんよ。知識として頭に入るだけです。感情が大きくゆさぶられることはないでしょう。

自分の頭で、心で、皮膚で、目や鼻で、耳で、どう感じるのかが一番大切で尊いことなんです。

知識は消えます。でも、体験は消えません。

どんどん旅をしましょう。どんどん新しい人たちに出会いましょう。その体験があなたをもっともっと深い人間にしてくれるはずです。そして、人の痛みがわかる人になっていくはずです。

祈りはかたちではありません

祈りとは心です。昔、アマゾンのジャングルでもさまざまな儀式を見ました。祈りのかたちはないけれど、祈りが存在するということを実感しました。

えらそうに聞こえるかもしれませんが、祈りというものを多くの現代人はほとんどわかっていないのではないかと感じます。

人生儀礼の中で、神社ならばこうやって参拝するとか、仏壇にはこうやって手を合わせるんだとか、「かたち」としてのお参りの方法しか理解されていない人も多いのではないでしょうか。

それはそれでいいのかもしれませんが、「かたち」にばかりとらわれていると、本質、本体が希薄になります。

これまでも、人様から「祈りの正しい方法を教えてください」と尋ねられることもよくありますが、私は、人に教えることはあまり気が進まないのです。

なぜならば、その人その人が祈りというものを自然に、自分なりに学んでいけばよいのではないかなぁと思うんです。

逆に、これからもっともっと成長していくみなさんは、私にとって鑑《かがみ》みたいなものなのです。出会った一人ひとりが私の教師であり、いろいろなことを教えてもらっています。

そして、私の考えですが、これからは、一人の教祖に信奉するのではなく、百万人に出会って、その中で心を学んでいくほうがよいのではないかなと思います。

神様が喜ばれることは必ず実現する

私はやりたいことは、全部やってきました。本当に、全部、やってきました。やりたい放題に好きなことはやってきました。

でも、まだまだ、やりたいことがあります。具体的にこれをやりたいというアイディアがたくさんあるのです。人はいくつになっても、夢や目標を持っていると励みになりますし、必ずそれは実現できると思えば、実現できます。私は八十歳を超えていますが、自分の具体的な目標や夢をこれからも実現できると信じています。

ですから、もし、年齢で夢をあきらめかけている人がいたら、どうぞ、あきらめずに前に進んでください。

神様が喜ばれることは、必ず現実化できるんです。もしも、多少時間がかかったとしても実現できます。私の経験から、そう思います。

私は、自分が今までやってきたことをこれからきちんと形にしていくことが夢です。夢のいくつかはとてもお金がかかりますし、できるまでに時間がかかりますが、やろうと思っていますし、やれると信じています。神意に逸《そ》れておらず、神様がそれを必要としてくれるなら、そして、みなさんが喜んでくれるものならば、きっと叶うんです。時間がかかってもきっと。みなさんの夢もそうですよ。

すべてはそういう流れなのだと思います。

二・地の言の葉

言霊《ことだま》の話

言霊《ことだま》というのは、集中して仕事やらなにかの任務を終えて、ふっとしたときにふわっと出るものです。

仕事というのはかたちです。あるだけの脳みそを使って、集中して、やることです。そのような緊張感を持っているときには、本当の言霊は出てきません。その後、職務から解放され、自分がもっともリラックスした状態で家にいるようなときに、ふわっと浮かんでくるものです。無の状態、空の状態、素の自分でいるときにきらりと光った言葉が浮かんでくるんじゃないでしょうか。ようするに、自分の気が整っている状態が大切なのです。

しかし、言霊の扱いには気をつけなければいけませんよ。

言霊は剣の役割をしますので、よ〜く考えてから言の葉を発することです。

いいっぱなしにならないように。

うわっつらにならないように。

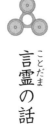

すべての言の葉に命が宿っています。あなたの本体が宿っています。エネルギーが宿っています。

ですから、慎重に使わないといけません。

どうせなら、周囲も自分も幸せになる言霊、まわりを明るく照らす言霊を使いましょう。

世界を動かすのは偉い宗教家でなく自分たち

私は普通の宮司さんと考え方がちょっと違うのかもわかりませんが、これまでに自分の思うことを思うままに発言してきました。また、いろんな場所に呼ばれて、講演などもさせていただきました。世界的な規模で行われる宗教者会議に招かれたことがありますが、議論が多過ぎて、「実際、どうしたいんや」と言いたくなるくらいに物事が遅々として進まないのを感じました。

単刀直入にいえば、世界中の宗教指導者たちや偉い先生たちが集まって会議をしても、あまり意味がないということです。

なぜなら、偉い人たちが世界をおさめられるわけではないからです。

毎日普通に仕事をして、普通に暮らしている一人ひとりが平和を真剣に願い、祈り、動く。他人の痛みを想像できる人間になる。遠くからいつも傍観者になっている人間から脱出する。こちらのほうがよっぽど近道なんじゃないかと思います。

そして、一人ひとりがこのことを意識したら、世界は随分変わるのではないでしょうか。

命がわからないとお金がわからない

人はこの世界に生きている限り、お金は必要です。お金なくしては生きていけません。でも、お金におぼれてはいけません。お金を追い求めてはいけません。この時代、お金が、単なる交換するものにしかなっていません。心が通っていないんです。

命がわからないと、お金というものもわかりません。命の価値がわからないと、お金の価値がわかりません。わからないから、お金でおかしくなってしまうのです。お金自体は悪いものでもよいものでもありませんが、使う人の意識で、悪いものにもよいものにもなるのではないでしょうか。

私たちに命があるように、お金にも命があります。ですから、お金の命を尊び、「生かしていただいてありがとうございます。あなたの命を最大限に活かします」というふうに感謝の心をもって、お金を使うようにしましょう。

そうやって、お金に対する意識を変えていくのです。人間の意識を変えていくのと同じように、お金の意識も変えていき、大切に使っていきましょう。

できれば、利他の精神でお金をどんどんまわりに循環させてあげて、神様が喜ぶかたち、そして、みんなが喜ぶかたちでどんどんまわしていきましょう。

「お金は宇宙のまわりもの」なのです。

お金をずっと一か所にとどめておくと、水と同じように濁り、腐ってしまいます。エネルギーが枯渇してしまいます。

ですから、お金をきれいに流してあげましょう。そうすると、再び、エネルギーを高めてパワーアップしたお金があなたのもとに戻ってくるでしょう。

お金と水はどんどん流してあげること

お金というものの貨幣価値を早急に正さねばならないときにきているような気がします。

今の世界では、すべての争いの大元にはお金や利権がからんでいます。お金に関する考え方を改めたら、百年先の未来で、戦争なんてまず起こらなくなるんじゃないでしょうか。

要は、お金をたくさん儲けている人は、自分でなく、世間に還元させていく意識、循環させていく意識がますます大事になっていきます。むしろ、一か所に集中させるのではなく、広く循環させていく義務が生じてくるでしょう。

稼いだ金をその会社だけのものだと思うと、そこで止まりますね。滞りが生じますね。でも、お金も水と同じですので、どんどん流して、流して、流していくと、世界中が潤ってきます。一つひとつの細胞がみずみずしくなるように、世界にエネルギーが流れていきます。

逆に、一人で全部を隠し持っていたら、貨幣の循環は詰まってきてしまいます。これからの世界を想像すると、お金の流れだけでなく、すべてがもっと透明になっていくかもしれません。隠すという行為自体がすべてにおいてどんどんできなくなっていくような気がします。

たとえば、自らが稼いだお金を税金という形で強制的に徴収されるのではなく、自らが喜んで差し出すという行為になっていくのではないでしょうか。

そして、追い越せ追いつけの競争意識がなくなっていくと思います。もっとこの世界が平らになっていき、みんなが一緒に発展するという共存共栄の精神が普通に浸透している社会になっていくでしょう。

今の社会は混沌としていますが、物事のしぐみがもっと透明になって、隠し事ができなくなっていくので、これから将来はもっともっとこの世がよくなっていくであろうと信じています。

天変地異の問題

ここ数年、地震や火山の噴火、豪雨や熱帯化など、世界中でさまざまな天変地異が起こっています。直近では、二〇一八年、西日本中心に発生した集中豪雨での大災害がありました。一〇〇名以上の尊い命が失われるという大惨事になっていて、胸が痛みます。残された我々としては、これ以上被害が拡大しないように、そして、不幸にも今回の災害によって天に召された方々の御霊《みたま》がどうか安らかにお戻りになりますように、と心から祈るばかりです。

日本だけでなく、世界を見ても、寒い国に雪が降らなくなったり、暑いサハラ砂漠で雪が降ったり、とんでもない逆転現象があちらこちらで発生していて、神様は一体なにをされようとしているのかなと考えてしまいます。

よく、こういう大災害が発生すると、天が怒っているのだ、とか、神様のばちが当たったのだ、とか、世紀末が近いのだ、とか、いろいろと不安を煽《あお》る人たちもいるようです。

しかし、そうでしょうか？

神様はそんなことをする存在でしょうか？

私はそうは思いません。神様は生きとし生けるものたちすべてを平等に愛し、光を照らしてくださっています。なにかの因果とか、カルマとか、そのようなことは決してありません。

ただし、人間が長年にわたって、森林をむやみやたらに伐採したり、海にけったいな人工物を造って海洋生物の棲家を壊したり、石油や地下資源を掘り続けたり、これまでにやってきたことのつけが今起こっても不思議ではありません。地球そのものが限界にきているとしても、これまた否定できる話ではありません。

地球だって一つの生命体ですから、永遠無限にその命が続くわけではないでしょう。いつか寿命が来るかもしれません。

しかし、そのときまで、我々人類は仮の場所として、宇宙からこの大地をお借りしているのです。すべては借り物なのです。自分の土地だといばっている人たちに言いたいのですが、すべては宇宙のものであって、あなたがたは大地をお借りしているだけなんですよ。

大枚を積んで買った土地でも、実際は天からお借りしているだけなのです。

ですから、できるだけ、きれいに使って、きれいにお返ししなければなりません。借り物の大地を汚すなんて言語道断です。

もしも、何千年後、何万年後、地球そのものがちりちりばらばらになってしまうとしても、ほんの少しの人間は生き残るのではないでしょうか。

仮に、大爆発が起こり、地球が無くなる日がきたとしても、二〇〇万人くらいは残るでしょう。そのときに、残されるのは覚醒した人たちなんでしょうね。

そして、よりよい国造りに入ってくるでしょう。

これは、あくまでも、私の想像ですよ。でも、絶対にありえないとはいえません。

掃除は究極のメディテーションと御霊《みたま》磨き

私は、神社の仕事で一番楽しいのは掃除ではないかと思っています。掃除はいろいろなことを教えてくれますし、気づきが得られます。そして、メディテーションにもなります。

「本当にこれほどありがたいことがあるんかいな」と思うくらいに掃除はとてもありがたい仕事です。

葉っぱが一枚はらりと落ちてくる。あまりに美しい色をしている。それに見とれるのもよし、なにか「は！」と気づくこともあります。

問題がするりと解決する糸口がひらめくこともある。

葉っぱ一枚のことなのですが、それは、それは、とても大きなひらめきをいただけるのです。

神社の仕事は、みなさまの安寧、国家の安寧を祈ることですが、掃除をしているときも周囲の安寧を祈りながら、竹箒でシャッシャッとキレイに掃き清めていると、自分自身の心もきれいに掃き清められていきます。それが御霊磨きにもなるんです。

心がどうにもイライラしていたり、癇癪《かんしゃく》を出してしまったり、なにか心がささくれ立ってしまっているときに、静かに掃除をしていると、心がだんだんまるくなっていくのがわかります。たいらになっていくのがわかります。

「あー、なんであんなにイライラしてしまったのか」、「なぜあのときああいうことを言ってしまったのか」とあぶくのように自分の行動が思い出されて、「まだまだ自分も修行が足りんなぁ」と反省します。

そして、また無心に掃除をして、そのとげのあった心をまあるく、まあるくしていきます。


掃除をしていると、不思議なくらいに自分の心が変わりますよ。

私は若い頃はとてもやんちゃでしたから、いろいろな遊びもしましたが、神社で掃除をしていると、「はー、これまで自分はつくづく魔のことばかりやっていたな」と思ってくるんです。魔のこととは、本質ではないこと、真髄ではないことでもいいましょうか。

そして、「もっと裸にならなきゃだめだ」と思ってくるんです。

もしも、自分が魔のことばかりやっていることに気づいたら、どうするか。

答えは簡単です。もっと面白いことをみつけるんです。本気になれることをみつけるんです。

「○○せよ」と人から命令されてもダメです。

自分で見つけていかないと、なにも続きません。

私の場合は掃除ですが、「こんなおもしろいことがあったんだ！」、「心が晴れやかにスキッとすることがあったんだ！」ということを見つけてから、すっぱりいろいろな魔のことをやめられたのです。

外側の現象は内にもあらわれます。外側を清めれば、中も清められます。みなさんもどうか心を平らにするためにも掃除をしてみてください。きれいな気のある場所に神様は宿ります。

いつ神様がいらっしゃってもよいようにいつもきれいにしておきましょう。

生活すべてが冥想になる

冥想というと、座禅のように座って目を閉じてじっとしているというスタイルを浮かべる人が多いかと思いますが、冥想はいつでもどこでもできます。

さきほども少し申し上げましたが、葉っぱが一枚ハラリと落ちてきたとします。「ほー、ああ、きれいだな」と葉っぱの美しさに見とれます。

これだけでも立派な「瞬間冥想」です。

集中して掃除をしていたら、それも立派な冥想ですし、食事も冥想です。歩いていても冥想ですし、トイレに行っても冥想なんです。運動していても、水を飲んでいても、それが冥想になります。生活そのものが冥想なんです。

戒律の中でなにかをしようとするのは、私は好きじゃないんです。

厳しい決まりに縛られて清貧の思想で生きて行くのも美しいですが、誰もができることではありません。

それより、生活そのものが冥想だと悟って、生活での自分の動きを意識してみる。

それだけでも、自分のおこないが変わってきます。考え方が変わってきます。意識が変わってきます。発する波動が変わってきます。

日々少しずつ自分の本体が輝いてきて、その人本来の響き（サウンド）が奏でられてきます。

生活そのものが冥想だと知れば、生活が楽しくなりますね。それでいいんです。

天之《あまの》安河《やすかわ》之《の》宮《みや》　大峯本宮天河大辨財天社　高天原に千木《ちぎ》高知りて

天河大辨財天社奥宮（弥山山頂）

弥山

大山蓮華《れんげ》
（別名：天女の花 天然記念物）

頂仙ヶ岳

双門の滝（日本百選の滝の一つで落差 70m）

来迎院

南朝黒木御所跡

双門

命をかけられるものを見つける

私はつねづねこの世は、「知識を超えていく世界」なんじゃないかなと思っていて、自分自身もその世界をいまだ探究しています。

人はよく「一生懸命」という言葉を使いますが、「一生懸命」という言葉は、まさに自分の命をかけるということです。

私でいえば、すべての物事に命をかけて、話を聞き、おこないをする。

たとえば、御神事の中で護摩焚きを奉ずるときに、森羅万象の響きを感じながら、音楽家が奏でる音と合一した瞬間の境地は言葉には現せないほどの清々しい、清らかな風を感じるようで、自分の中の世界が舞い踊ってくる喜びが湧き上がって参ります。

その喜びを皆様とわかち合いたい境地魂《きょうちこん》に至ります。

そもそも、護摩焚きという御神事は、ものすごく深い世界なのです。立ち昇っていく炎や煙を見ていると、神様や宇宙との合一を感じることができます。すべては一体、ひとつなのだと五感を超えたところで感じることができます。

みなさんも、どうか、命をかけられるようなものを見つけてください。

自分が無我夢中になれるもの、時間を忘れるくらい没頭できることを見つけて、本気でそれに取り組んでみる。結果がどうであれ、この瞬間、それだけに集中できることを見つけてみるとよろしいでしょう。

それが仕事と結びつかなくても、趣味の延長上であっても構いません。そのおこないをしているときに自分が生きていると実感できたり、血肉が湧き上がるほど喜び溢れれば、それ以上の幸せはないのではないでしょうか。

あなたの本体、本質が心底喜ぶことをしてください。

掃除は御霊《みたま》が清め祓われる喜びごと

「楽しい、楽しい」というけれど、一体なにが楽しいことなのかを今の人たちはわかっているのかな、と時々思うことがあります。

とても一生懸命やっているわりに心が楽しんでいない人が多いように感じます。まわりが楽しんでいるように見えるから、なんとなく自分も楽しいような気がするだけなんじゃないですか？

楽しみですら、周囲と比べて、周囲に合わせようとしていませんか？

自分の命にしたがって、喜びごとをするというのが、本当の楽しみであって、それが波動として伝わっていくのです。

その喜びごとを、今のみなさん方はきちんとお持ちなのかな、とちょっと心配になります。仕事でも、遊びでも、家事でも、いつでも喜びのおこないをしてください。

そして、どんな些細なことでも、つまらないと感じることでも、考え方一つで、楽しい喜びごとに変わります。

たとえば、掃除もそうです。先にも書きましたが、毎日体験できて、毎日発見がある掃除くらいの喜びごとは他に見つからないかもしれません。

掃除というと、どうしても軽くみられがちで、昔は、「掃除なんか誰かにまかせていたらええわい！」という人たちも多かったのです。

でも、掃除は喜びごとなんですよ。人から命令されて、渋々箒《ほうき》で掃いていたら、それは、楽しくないでしょう。しかし、みずからの意思で、「ありがたく掃き清めさせていただきます」という思いで、丁寧に玉砂利を掃いていると、だんだんに自分の心も掃き清められていくのがわかるんです。清められて、祓われる。どんどん心の純度が高まり、黒い靄《もや》のようなものがすーっと消えていくのがわかります。

私も今では足が悪くなってしまっているので、なかなか神社の掃除もできなくなりましたが、五十年くらい前、私がまだこの天河神社の見習いをしていた頃、朝から晩までひたすら境内の掃除をしていました。

まだ神主でもないし、掃除しか自分に奉仕することはないんです。竹箒を持って掃いていくのですが、それがまた気持ちいいんです。汚れているから掃除するんじゃないんです。祓い清めるんです。場を掃除することで自分の内側を祓い清めていくのです。

もちろん、それが目的で掃除しているわけでも、なにかを求めて掃除するわけではないのですが、ただ無心に掃除することで、後で、なにか祓われたという感覚が起こるのです。祓われるために掃除するのではなく、あとで、「あ、祓われている、清められたな」とふわっと思うのです。このふわっとした感覚はとっても大切で尊いものです。なにかをつかみたかったら、このふわっとした精妙な感覚を捉えられる人間になってください。

そして、この天河という場所は実に不思議なところで、掃除していると大地からのエネルギーがどんどん自分の中に入ってくるのをはっきりと感じます。それが地球の磁力や地場のはたらきなのかなんなのかは私にもわかりませんが、天河の場のエネルギーはつねに軽やかで、重くありません。

早朝に境内を掃き清める掃除のワークショップなどをやっている方もいましたが、おそらく、参加者のみなさんはこの軽やかできれいな波動をしっかり感じていただけているのではないかと思います。

神社で掃除をするのは、実は、きれいに掃き清められるのは、神社の境内であると同時に、自分自身なのです。

掃くたびに清められるのです。掃除とは、場所を清めているつもりでも、実は、自分自身を清めているおこないなのです。

どうですか？ 掃除をしたくなってきたのではないですか？

掃除一つでさえ、心から楽しめるのですから、この世界には「あー、楽しい！ 生きていてよかった」と思えることが無限にあるはずです。みなさんも本当に自分が楽しいと思えることを見つけてください。

人が楽しんでいたからといって、自分も楽しまなければいけないなんて思わないでくださいね。あなたはあなたの楽しみを見つければいいんです。大きいことでも小さいことでも関係ありません。自分の命が喜ぶことが必ずありますよ。私も楽しい喜びごとが多くて困っています。これからも一つずつその喜びごとを味わっていこうと思っています。

高野山での思い出

私は小さい頃から腕白坊主でした。母が四十八歳のときの子で、七人兄弟の末っ子です。もしかして生まれてこなかったかもしれませんから、今、こうして生きていることは本当にありがたいと思っています。きっと、この世に生まれてきたお役目があるんでしょうね。

私が三歳の頃、父親に連れられて天川村から高野山まで歩いたことがあります。提灯を持って、山道をずっと、ずっと、歩いていくんです。それはもうとても長い道のりです。でも、子どもながらに、山の中を黙々と歩いていると、自然からのエネルギーを感じたのか、とても清々しく楽しい気分だったのを覚えています。

自分が神に仕える仕事をするとかそんなことはまったく考えていませんでしたが、もしかして、その頃から、自分が神様にお仕えする宮司という役目を継ぐことが決まっていたのかもしれません。神様はいらっしゃる。幼かった自分の心の中に、ごく当たり前にそういう感覚が生じていたのかもしれません。

弁天様を独り占め

天河神社は弁財天をお祀りしてあるのですが、私は弁天様をとても好き過ぎて、ものすごく大事にしていたので、神社で働いてくれている人たちや周囲の人たちに弁天様を独り占めしているといわれたことがあります。

もしも、その人たちがうっかり弁財天様になにかをすると不敬だといって、その人に対してガツンと怒ったことも実はあります。

何年も経って「宮司様はあのとき本当に怖かった」とか、「弁財天様のことになると人が変わる」とか「弁財天様を宮司様は独り占めしているんですよ」とか、まぁ、いろいろといわれてしまい、「ああ、そうか、自分でも気づかないうちにそこまで弁財天様に執着してしまっていたのか。そして、独り占めのように見えてしまっていたのか」とはたと気づきました。

もちろん深く反省し、自分自身のおこないを今一度振り返ってみました。自分はもちろんそんなつもりは毛頭なかったのですが、周囲にはどう受け止められるのかを気付かされた一件でした。どんなに弁財天様を敬い、尊び、愛しているからといって、一緒に神様にお仕えしてくれている人々に不敬を働いてしまっていたら元も子もありませんよね。

これは自分にとってもとてもよい学びになりました。

「恋は盲目」とはよく言ったものです。好き過ぎるのもほどほどに。

つねにまわりを見る人間にならねばなぁ、八十歳を過ぎてはいますが、まだまだ精進が足りないなぁと思う次第です。

「ふとまに」の感覚を大切に

本当に好きなことがなにかわからない、一体自分が一番好きなことはなんだろう、と悩んでいる人もいるようです。神社に訪ねていらっしゃる人から「宮司様のように好きなことを思い切りできる人間になりたいのですが、どうすればよいですか?」、「自分の心から喜べることを見つけるにはどうしたらよいですか?」と相談を受けることもあります。

答えは大体一貫しているのですが、私は本当になにも考えないいんですよ。

今までの人生でも、自分のやりたいことをとことんやってきました。「これはできるかな? できないかな? 無理かな?」というふうに一切頭で考えないんです。最初からいろいろと考えてしまうと、絶対にやめてしまうように人間はできています。

だって、失敗の可能性があったら、あえて失敗の道に進もうなんて人はあまりいませんよね。

「ふとまに」（太占）という言葉があります。

「ふとまに」の本来の意味は、古代の占いの一種ですが、私なりのふとまにの解釈を簡単に説明しますと、ふわっと自分の中にひらめいた思いのことです。

本当にふわっと思いがけず浮かんできたイメージだったり、気持ちだったり、感情だったり、思いだったり、考えだったりします。

それも、自分の考えでないものがふっと入ってくるものがふとまにです。ひらめき、直感、インスピレーションともいえるでしょう。


ふとまには、なにかを思い出すことではありません。「思い出す」というのは、一度その知識や体験が肉体に入っていますよね。

そうではないんです。まったく新しいもの、見聞きしていないことをふっと気づくんです。感じるんです。これこそが、ふとまにの世界です。

このおこないをしていたら、宗教も、科学も、哲学もすべてを超えた世界を感じることができます。

また、ふと思った時に、実際、そのことに関係した誰かが訪ねてきたり、なにかの情報を持ってきてくれたり、誰かが誰かを紹介してくれたり、ということもありますね。「ふと」自分が思ったときに必要なものや人が集まってくることも「ふとまに」の一種です。

たとえば、私の場合も、「あー、今度の御神事を一体どうやってやろうかな」と腕組みして考えていて、ふと、息を抜いて無の境地になった瞬間に、誰かがやってきて、有益なアドバイスをくれたりします。

ですから、根を詰めて考えて、考えて、どうしよう、ああしようと悩んでいるときより、ふとした瞬間に誰かが、なにかがやってくるんじゃないかと思います。

ご自分のやりたいことがわからない、心から喜ぶことが見つからないと悩んでいらっしゃる方は、考え過ぎないことです。ふとまにの感覚をつかまえて、流れにお任せして、動いてみてください。考え過ぎてやりたいことをやれない人たちが、もっと楽に生きていかれるようになるかもわかりません。

自分のものはなにもないし、いらない

人には所有欲、独占欲、名誉欲、物欲などなど、いろいろな欲望がありますね。生きていれば、よい家に住みたい、素敵な服が欲しい、高級車に乗りたい、自家用飛行機が欲しいとか、いろいろとあるでしょう。

でも、この世はすべて借り物です。

家だって、大地も借り物ですし、家に使う樹木だって借り物です。すべてがこの世界からお借りしただけのものです。

自分のものはなにもないし、自分のものはなにもいらない、と考えてみてください。私はそういう観念で生きていますので、なににも執着しません。

食事だって朝昼晩と毎日茶がゆだけですよ。三六五日毎日茶がゆを食べています。たまに、誰かの結婚式やお祝いの宴席に招かれ、豪華なお肉やお魚料理が出てきたらいただきますが、その後にひどい体調不良になってしまうんです。茶がゆが一番身体に合っているようです。

ですから、豪華な食事にも興味がなく、服にも車にも興味がなく、なにに対しても欲がありません。

ただ、天河の神様のお社をつくり直したいと思っていて、そのための資金は必要です。それも一種の欲なのかもしれませんが、神様がお住まいになる場所は最高のものでつくらねばいけません。これは私個人の欲ではありませんので、天もお許しになると思います。

自分のためになにかが欲しいと思ったら、結局は自分のものはなにもないし、自分のものはなにもいらないんだ、手ぶらであちらの世界へ戻るのだから、と思ってみてください。ずいぶん荷物が減りますよ。荷物が減れば、心が軽くなります。なにかを失くす怖れもなくなります。

遊ぶ人のほうが成功する

よく親御さんが「うちの子は遊んでばかりで本当に困ります」というようなお話をされることがあります。

そのとき、私がいうのは、「どんどん遊ばせなさい」ということです。抑えてはだめです。

遊んだ人はその後、自分で道を見つけて成功する人が多いです。

なにかあっても自分で責任をとり、自分で進んでいくようになります。経験するたびに智恵をつけていきます。対応のちからもついてきます。なにもしなかった人よりも、なんにでも首をつっこみ、いろいろな体験をしてきた人のほうがよほど道をつくれるんじゃないでしょうか。

今、私は神主をさせてもらっていますが、これまでの遊びやさまざまな仕事がすべてとても役に立っています。若い頃は神職につきたくなくて、やんちゃをしていた時期もありますし、海外放浪にふらっと出かけてしまう時もありました。神職とはまったく違う仕事についていた時期もありました。でも、それがなければ、なにもわからなかったでしょう。

学校に行っただけではわからないことがあります。むしろ、学校を出ていなくても、他のなにかを体験している人のほうが心の成長が早いかもしれません。若いときにちょっと道を外してしまっても、そのあと、人の役に立つ仕事を立派にしている人、たくさんの従業員を雇い会社を経営している人もたくさんいます。そして、そういう人はいろいろな経験をしていますから、人の痛みがわかる人に成長しています。

逆に、社長だった人がすべてを失ってホームレスになってしまったという人もいるでしょう。しかし、すべては体験です。その体験をこやしにすればいいんです。そういう経験すべてが糧になって、智慧になっていきます。人間の深みとなり、血肉となっていきます。

真っ直ぐにひかれたレールの上をただスーッと走っているだけじゃおもしろくないじゃないですか。

ですから、今の若い人たちに申し上げます。

どんどん遊びなさい。どんどん体験しなさい。どんどん知らない扉を開いて自分の足で歩いていきなさい。それがあなたをもっと強くします。あなたをもっと輝かせます。

天河に人々が引き寄せられる理由

ここ天河神社では、昭和五十六年までは広報活動というものを一切やりませんでした。というのは、神社が人を呼ぶようになったら終わりだと思っていたからです。お知らせというような感じで今では告知していますが、前はそういうことすらしませんでした。

それでも、不思議なことに、ご縁のある人たちが必ずやってくるんです。有名人、文化人、重鎮たち、どんな方でも自分からやってくるんです。

それはなぜか？　弁天様に呼ばれるのです。

昔から天河神社には、ご縁のある人しかたずねて来ないといわれています。おそらく、それも弁財天様がその方を呼んでいるということなのでしょう。

天河神社が地図に載っていない時代から、そうでした。ですから、「時がたてば、人はもっともっとおのずとここにやってくる、必ずそうなってくる」という確信が当時の私の中にありました。

ですから、たとえ参拝者が少なくても、ゼロでも、まったく心が動じることはありませんでした。

そして、今では、日本各地から、そして、世界中から、毎日、人々が足を運んでくださいます。本当にありがたいことです。

こんな不便な山の中ですが、神社の駐車場には東京や大阪、北海道、東北、九州ナンバーの車がしょっちゅう停まっているのですから、不思議です。本当に弁財天様のお蔭だと感謝しています。

芸術や水の神様として知られる弁財天様ですが、やはり、芸の道に進んでいらっしゃる人たち、アーティスト、歌手、俳優、画家、音楽家、映画関係者など、芸術に関わる人たちが多く呼ばれてくるようです。もちろん、そうでない方もたくさん今ではいらっしゃいますし、すべてのみなさんを歓迎しています。

天河にいらっしゃると、みなさん、なんらかのインスピレーションを受けて、作品に反映させたり、新しい曲のイメージが浮かんだり、さまざまな恩恵を受けていらっしゃるようです。これもすべて弁財天様のご加護でしょう。そして、その方の中に元々眠っている才能が覚醒されたのでしょう。

とにかくここ天河には不思議な話がたくさんあります。そして、この場で出会った人たちがまたご縁でつながり、なにか新しい仕事を一緒にはじめたり、プロジェクトをつくったり、どんどん発展していっているようです。こういうふうに人々をつなぎするための場としてお役に立っていたら私どもとしても喜ばしい限りです。

神社とは元来むすびの場ですので、人と人をむすぶことも神社の大切なお役目の一つかなと思っております。

賽銭箱泥棒と自分は同罪

以前、こんなことがありました。天河神社にもお賽銭箱があるのですが、私があまりにも無頓着だったので、一年間一切開けなかったのです。しかし、あるとき開けてみたら、きれいにすべて盗まれてしまっていた出来事がありました。

そのとき、「ああ、これは盗まれたほうも半分責任があるな」と感じました。

私はお賽銭箱に意識がまったく向いていませんでしたし、私の管理ができていなかったということもあるので、みんなにお詫びしました。「お賽銭を盗んだ人だけのせいではありません、彼だけを罪びとにしないでください、どうか私も罰してください」と神様にもお願いしました。

結果、お賽銭泥棒が別の場所で捕まりましたが、私が被害届を出していなかったので、なにもこちらにはありませんでした。

むしろ、私も同罪であり、一緒に刑務所に入るべきなのではないかとも思いましたが、そうなりませんでした。

本来、神様の本体としては、お賽銭箱はいらないんです。でも、四六時中、お賽銭箱が置いてあるから、その人は泥棒をしてしまったのです。その弊害を私は解き明かさねばいけなかったのです。

警察の方々にも、「罪びとを神社でつくってしまったという罪悪感があります」という話をしました。

さらに、「泥棒が悪いというより、神社が泥棒を生み出してしまうという原因をつくってしまったのです。盗まれた要因をつくったのは私自身です。私自身がもっとおこないを正していかねばいけません」と、警察の人にこういう話をしましたが、警察官は理解してくれず、法律で定めた規則では私は捕まりません。

今の法律はまったくダメなんです。大宇宙と大地が交流したところでつくらないと、平等な法律ができないんです。

そのときも、「そんなことは理屈だ」と警察の人たちは相手にしてくれませんでしたが、「私のお話をまず聞いてください！　法律に矛盾があるから弁護士があるのです、弁護士のいない社会こそが平和なのです」と説明しましたが、警察官の人たちは「この宮司さんはちょっと変わっている。えらい面倒なことをいい出したぞ」とでも言いたげに、ポカーンとしていました。

とにかく、お賽銭箱のいらない神社こそが理想です。そういう神社になれば、お賽銭泥棒もなくなりますし、そういう気を生じさせることもなかったでしょう。本当に未だにあの出来事は泥棒さんにも申し訳なかったと思っています。

一人ひとりの響きが違うからおもしろい

この世は音《おん》でできています。人も猫も犬も樹木も花も岩もすべてがそれぞれの音を持っています。人間も一人ひとり、持っている音が違います。その人なりの音を響かせることが、生きているということなんじゃないかなぁと思います。

隣の人の音の響きは、あなたには出せません。でも、あなたの音の響きは、隣の人には出せないんです。あなたの音の響きは、この世で、あなたにしか出せません。この世界でたった一つの音の響きなんです。

ですから、世界中の人たちが自分だけの音を響かせたら、それは、それは、素晴しい地球大交響曲の響きとなって、宇宙へ発信されます。みんなが違っていいんです。その調和が最高のオーケストラになるのですから。

あなたには、あなたの響きがあります。それもとっても素晴らしくて、美しいものなんです。

どうぞ、あなたの音の響きに自信をもってください。地球大交響曲の楽団としてあなたのはたらきを十二分に果たしてください。

一人でも欠けたらダメなんです。あなたたち全員が必要なんです。

一人ひとりの本当の響きを輝かしていかないといけないんです。

人間は一人ひとりサウンドが違います。それが個性です。ですから、自分本来の響きを鳴らしていきましょう。これからはそういう時代になっていきます。そうすれば、世の中が変化していきます。世の中がもっとおもしろくなっていきます。

みんなと同じでなくてはいけない、なんて狭くて古臭い考えは捨ててしまいましょう。

癒しだらけの世の中

最近、癒しという言葉がすっかり定着してきました。

確か、「癒す」という言葉は、昔、津村喬氏《つむらたかし》がはじめて使った言葉だと記憶しています。それが今に至っては、本やらテレビでもつかわれ、もうこの世界は癒しだらけ、癒しのデパートです。

最初は、癒しという言葉は気功の本体として用いられていましたが、今では、もっと意味が広く「気持ちいい」、「優しくなれる」、「心が落ち着く」、「心も身体もほぐされる」といった意味でしょうか？ しかし、まぁ、これだけ癒しが氾濫していると、どれが癒しで、どれが癒しじゃないのかもすっかりわからん状態です。

別に悪い現象ではないと思いますが、流行語のように癒しが広まってしまっていて、本来の癒しという意味合いが薄まってしまっているのはなんだか奇妙に感じますね。

それと、本来、自分を癒すのは自分自身でしかありません。

自分の考え方や生活習慣で凝り固まってしまった感情や身体をほぐすのは自分なんです。

ですから、自分はこういう考え方をしてしまっていたから、こうなってしまったんだろう、だから、もっとこういうおこないをしよう、というふうに自分をもっと楽にさせてあげることからはじめたらいかがでしょうか。

自分で自分を追いつめてしまっている人が案外多いように感じます。生真面目で几帳面、完全主義者が多い日本人にはそうなってしまう場合もあるんでしょうけれど、もっと肩の力を抜いて、自由に、楽に、楽しく、生きていきましょう。

最高の癒しはあなた自身であることです。あなたの音の響きを奏でることです。それで十分です。

村おこしは嫌い

村おこしという言葉は大嫌いです。村おこしというと、どうしても権力や利権の匂いがぷんぷんしてしまいます。

村や町を発展させることはよいことですが、頭の固いお役所のお偉いさんたちだけが集まって智恵を出し合っても、おそらく、村おこしは成功しないでしょう。付《つ》け焼刃《やきば》でやってもうまくいきませんし、長続きしません。

私の理想とする村おこしは、もっともっと本体・本質に根づいたものです。流行でやっても根付かない。村おこしとは、その村がなんだか楽しそうで、魅力があるな、と遠くから気になって見にくるようなお祭りをすることです。公序良俗《こうじょりょうぞく》に反するような集まりはいけませんが、みんなが楽しく集まれるような祭りごとならばいいじゃありませんか。ですので、天河神社では、昔から、世界中の音楽家や歌手、楽器演奏者、お能など、海外の最先端の音楽と日本の伝統文化をミックスさせたような奉納イベントを行っています。

他の歴史ある神社からみれば、「一体天河大辧財天社はなにをやっているんだ？けしからん」というお声もあるかもしれませんが、私はまったく気にしていません。だって、神様は音楽や楽しい雰囲気が大好きなんですよ。そして、みんなが笑顔でいたら、神様もお喜びなはずです。

古事記の中に、天照大神《あまてらすおおみかみ》が天の岩戸に御隠れになってしまった際、アメノウズメノミコトが、その岩戸の前で踊り、天照大神を誘い出したお話はご存じですよね。

これもまさに音楽や楽しい波動によって、人（この場合は神様ですが）の閉じた心を開かせたよい例です。神様だって楽しいところが好きなのですから、人も同じです。人は楽しいところ、明るいところに群がる習性があるんです。ですから、本当に村おこしをしたいのであれば、世界中、日本中から、音楽家や芸術家を集めて、みんなの力で新しいことを生み出せばいいんです。

これは天川村だけでなく、日本中の過疎化している村全部にもいえることです。それぞれの村にはとても魅力があるのに、それが表現できていないんです。今の世の中、インターネットによって、世界中に情報がすぐ発信できるそうですから、どんどん、新しい試みをしたらいいと思います。きっと、新しい力で村をもっともっと活性化してくれる方法が見つかるでしょう。

相手は自分自身の映し鏡

相手を傷つけるというのは、自分を傷つけるということです。相手にいやな言葉を投げるというのは、自分にかえり刃のように戻ってくるということです。

ですから、自分を尊重し、自分を大切にし、自分を愛する人は、相手を尊重し、大切にし、愛せる人なんじゃないかと思います。

この人、なんだか、とてもイライラするとか、気分が悪くなるという感情がもしも生まれたら、それは、自分を見ているのとおんなじなのかもしれませんよ。

自分では気づかないけれど、自分の中にあるものをその相手が見せてくれているのかもしれません。

そう思うと、どんな人も、自分の師であり、どんな人からも、学ぶところがたくさんあるということです。

私は80歳を超えますが、毎日、たくさんの若い人たちから勉強させてもらっています。「へえー、そうなんや。あんた、すごい人やね」とか、「ほー、そんなことで

きんの？　しらんかったなぁ」とか、もう毎日へー、ほーの連続です。
そして、そういう生き方のほうが人生楽しいんじゃないかなと思います。人は死ぬまで新しいことを学べます。
どんどんたくさんの人と出会って、へー、ほーの数を増やしてみてください。

鳥の視点でものをみる

もしもなにかに迷ったり、心が煮詰まってしまったときには、いつもの視点を変えてみるのもよい方法です。

多くの人は、今まで、すべてを横から見てきたと思うんです。時間もそうですよね。過去、現在、未来…。記憶も大体は小さい頃の記憶から、成長して、青年になって、大人になって、だんだん年齢を重ねていって、白髪が増えて、しわが増えていき…という感じで、時間も横から見ている気がします。

でも、これからは、天上から、すなわち、上から下をみてみるという意識に変えると、ものごとのはたらきが一番明確にみえてくるように思います。鳥の目線とでもいいますか、俯瞰《ふかん》して、見てみてください。同じものでも、見る場所によって、捉え方が全然変わってきます。

宗教はそのうちいらなくなる

私は宗教、信仰というものの本体を知りたくて、これまでに、本当にたくさんの宗教家や教祖の人たちとお会いしてきました。誰もが知っている大きな宗教法人の教祖から、小さな団体のトップまでほぼ全員とお会いしているんじゃないかなぁと思います。

相手からわざわざ天河神社に足を運んでくださる人もいれば、こちらから出向いていくこともありますが、実にたくさんの方のお話をうかがい、たくさんの議論をしてきました。

そこで、自分なりの結論を出しました。というよりも、最初から思っていたことをますます確信をもって言えるようになった、というほうが正しいかもしれません。

それは、教祖はいらないということです。そして、宗教というのはすべて同じであるということです。

この世の中はまだまだ暗いから、今は宗教というかたちや教祖という柱が必要なのかもしれませんが、そのうち、必ずいらなくなる、自分の本体と森羅万象を繋《つな》いでいく時代が必ず来る、ということです。

考えてみてください。一人の教祖を崇拝するよりも、世界中に百万人の友人をつくったほうがよほど人として気持ちがよいし、楽しいし、すがすがしいじゃありませんか。

もちろん、今、特定の宗教や信仰をお持ちでいらっしゃる人たちを否定しているのではありません。でも、なにかを我慢したり、なにかを犠牲にしたり、完全な依存になってしまったりしていたら、一旦止まって、心地よい風にでも当たりながら、考えてみてください。

この世界そのものが神様なのであり、人が神様ではありません。

それを思い出してくれたらいいなぁと思います。

日本語のちから

日本語は、言葉に深い、深い、意味があります。

たとえば、日本では、表現で笑いをとれます。でも、アメリカはどちらかというと、身体で笑いをとります。その違いはなぜかというと、日本語がもつ響きがとても素晴らしいからです。ですから、音で笑いもとれるし、胸をふるわせて、涙も流させるのです。

一体なぜ日本語は世界の中でも特別なのでしょうか。

私なりの解釈ですが、言霊のちからがとても強く、宇宙と同じ周波数があるのではないかと思います。宇宙と共振共鳴できる言語なのではないでしょうか。だから、祝詞を奏上すると、宇宙へまっすぐにのびていき、そのまま届けられるんじゃないでしょうか。

外国語はどうでしょう。たとえば、英語でなにか同じ意味の言葉を宇宙へ放ったとします。そうすると、同じ周波数でのびていくでしょうか。おそらく、そうではないと思います。意味は同じでも、音のひびきが違うんです。音の魂が違うんです。

どちらがいいとか、悪いとかではありませんよ。でも、響きはとても大切です。

もしも、日本語の意味がまったくわからない外国人が、そのまま祝詞を真似て奏上したとしたら、どうなるか。

それは、もちろん、日本人と同じように音の周波数が宇宙にすーっとまっすぐに伸びていきます。もしも、日本語の言葉の意味が分らなくても、音が大切なのです。

そして、日本語がわからない彼らにとっても、祝詞の音が心地よいのです。音のちからとは、そういうものなんです。

やまとの精神

最近、「やまとことば」とか「やまとの心」という言葉がまたよく聞かれるそうです。日本人として、やまとの精神とはなんなのか。

「や」という音は、数でいえば八です。循環を意味します。矢ですから、破魔矢もそうですね。「や」と「まと」。

すなわち、「やまと」。

的の中心に合わせて、的を射る、というイメージですから、日本は世界の中心である、ということをあらわしています。すべてを集合させていく力があるということです。文字でいえば、大和と書きますが、すべてを治めていくという音なんです。

それも、命令や支配などの力でコントロールするんじゃなくて、「みんながそのままでいいんですよ」という意識で、みんなをまる～く、まる～く、治めていきます。

調和、融和のはたらきで、みんなが気持ちよく、ストレスや恐怖が一切なく、安らかに、穏やかに、幸せに暮らしていくことです。

また、見方を変えて、やまとの「ま」という音は、ま（間）という文字を充てると、今度は空間を意味します。すべてに空間があり、その空間には気（エネルギー）がいっぱい詰まっているということです。見えないからといってなにもないわけでなく、見えない力がぎっしり詰まっているんです。人々の意識や森羅万象のエネルギーがたくさん集まっています。

日本は世界の中心となるということですが、それは日本が特別だとか、偉いとかいうことではありません。やまとという「音」の意味をお話しています。やまとは君が代のような世界です。

そして、実際、日本は世界の中心となって、精神世界をひっぱっていくお役目があるのだと思います。

文化とはなにか？

実は、過去に、天河神社の弁天堂が国の文化指定保護の扱いを受けるという話があったそうですが、先人たちが断ったそうです。私はその背景を詳しく聞いたことはないのですが、今となれば、その理由はわかります。

文化を守ろうなんていっても誰も守れません。ただそこに在るだけでいいんです。そこに理由や理屈なんてつける必要がありません。

もしも、その形が地震や火災などの天災、人災で失われたとしても、その精神は残ります。それまでのみなさんの足跡は永遠に残ります。

その人たちの足跡や祈りの心はみえなくても、未来永劫《えいごう》生きていきます。それでいいんです。

形あるものは、いつかは滅びます。それが自然の摂理です。

でも、それまで人々が信仰した心や、通った幾千もの足跡は決して消えません。

それでよいと思っています。

文化遺産、世界遺産として建造物を保護することは大切ですが、それだけにとらわれて、形骸化してしまってはいけません。

神社やお寺は本来人々が祈りをささげ、感謝をささげる場所です。人々が毎日お参りにきて初めてその場所はその場所たる意味があるのです。ですから、保護のために立ち入り禁止にしたり、一部しか公開しないというようなことがあると、本来の意味が失われてしまうように思います。

人々が自由に入れて、人々のエネルギーをつねに循環できて、なおかつ、その建造物を守れるようなかたちであれば一番よいでしょう。

文化は大切ですが、消えゆくものであり、次の文化がまた生まれます。そうやって、文化もどんどんバトンを渡していくのではないでしょうか。

今の若い人たちを嘆く大人たちへ一言

よく、「今の若い人たちはなっておらん！」とか、「若者がダメになっている」という話を聞きますが、そうでしょうか？

私の考えは逆です。今の若い子たちはすでに覚醒しています。昔とは全然違いますよ。

ですから、自分の波動に合う場所を見つけると、すぐにさっと移動していきます。自分の周波数に合う場所や人を知っているんでしょうね。会社や学校などもすぐに辞めたり、他に移ったりするのも迷いがありません。それが古い大人たちから見れば、今の子は辛抱強くないとか、飽き性だとか思ってしまうのかもしれません。

でも、そうではないんです。自分の居場所というものを知っているんです。

もしも、その場所の中に天河神社があれば、自分からお参りにいらっしゃるでしょうし、実際、若い芸能人やクリエーターさんたち、芸術家、バックパッカーなどの旅人さんたちがお参りにいらっしゃることがとても多いです。

旅人といっても、普通の旅人じゃなく、ちょっと王道から逸脱しているような方が多いかもしれません。たとえば、オーストラリアのアボリジニの集落で現地の人たちと一緒に暮らしていたのに、最後は先方に「頼むから帰ってくれ！」と追い出されたり、まぁ、本当にいろいろな変わった人たちが天河に引き寄せられて、お参りにいらっしゃいます。

今の大人たちからみたら、まったく異次元の人種のように見えるのでしょう。でも、これからの三次元の世界は、そういう人たちがリーダーになって、新しい世界をつくっていくような気がします。

年配者たちは若者から学び、若者は年配者から学んでいく。お互いにお互いのよい部分をどんどん吸収していき、みんなで世界をまるくおさめていけばいいんじゃないですか。溝をつくってしまっているのは自分の心なのかもしれませんよ。

えこひいきしない

えこひいきをしたら失敗します。私はどのような人に対しても、同じように接します。ですから、どなたのお名刺をいただいても、すぐに棚に置きっぱなしにしてしまうんです。

人間は立派な名刺をいただくと、心が動いたりしますよね。

「この人は困ったときに助けてくれるかもしれない」とか、「なにかのつながりになるといいな」とかですね。そういう意識にならないように、いつも、誰に対しても同じように接していかないといけません。

人は肩書きで価値ははかれません。名刺でも価値ははかれません。名刺は紙切れです。その人の人格をあらわしているものでも、本体・本質をみせるものでもありません。

その人の本質、本体はどうなのだろうか。その人のはたらきはどうなのだろうか。その人の純粋性はどうなのだろうか。

そこをみないといけません。

たとえばホームレスの方がボロボロの服をまとって座っていたら、その人はダメな人間だ、下の人間だと思う人は、自分の心が貧しいからなのかもしれません。

今はホームレスになってしまっているけれど、もしかして、その人は大会社の社長をやっていたのに嫌気がさして、自分からホームレスになったのかもしれません し、逆に、近い将来、ホームレスから足を洗い、もう一度社会に飛び込み、世界で活躍する人物になるかもわかりません。人は人の見た目とか肩書きでなんでも判断しがちです。

でも、そうやっていると、自分の感覚や感性で物事を判断できなくなっていき、大事なものを見逃してしまうんです。物事を平等にみることができないと、どこか偏った考えになっていってしまいます。

この人はいい、この人はダメだ、という線引きをなくして、すべての人をたいらにみてみましょう。えこひいきもなく、まるくみてみましょう。ほら、なんだか、気持ちが楽になっていくでしょう。

本来、人はまったく同じなんです。誰がよくて、誰がよくないなんてないんです。

主観の中の客観、客観の中の主観

人々の発する言葉、自然をながめる心、自然の中の美などが人間のもっている五感に触れたとき、まず、主観的に目で見て、耳で聞き、心で感じます。それを客観的に見て感じたとしても、その生きている姿の本質を本当に知ることはできません。まず、自分自身を観るときは、主観的に、また、客観的に観ようとすること、もう一つ深く掘り下げて、主観の中に客観を観て、客観の中に主観を観て、掘り下げていかないと、言霊も出ないし、人間心をはずしていかないと言霊の審神者《さにわ》もできないし、自然はなにを叫んでいるのかということも解明できません。

主観の中の客観、客観の中の主観を深く深く掘り下げて感じることがメディテーション（冥想）の本質であります。

深く、深く、冥想し、宗教的に、哲学的に、科学的に物事を解明してゆける個々を創り上げていくことが大切だと思います。

ぶれない人格を創り上げていくことが大切です。

実践を積んでゆけば、なんの不自由もない快適な生活を送ることができるでしょう。
すべてを赦《ゆる》し、すべてを愛し、慈しむ心が培われていきます。

日本語でいう役割とは、「はたらき」のこと

私は、役割という言葉はどうもピンとこないんです。役割という響きが、どうも命令的な気がします。役割という言葉を使うと、最近世間を賑わしている官僚やらなんやら、お偉いさんたちの不祥事も、「自分の役割だからこうした」とか「役割だからああせざるをえなかった」とかになってしまうんです。

そうすると、人は間違いをおかしてしまうんです。

役割ではなく、「はたらき」といったほうがスムーズに流れるんじゃないかなと感じます。

昔は私も役割という言葉を使っていましたが、「どうも、これはおかしいな」と違和感を覚えはじめ、今ははたらきがしっくりくるので、こちらを使っています。

今、自分に与えられたはたらきを全うすること。役割でも使命でもないんです。この世の人たちは、「みずからのはたらきをする」ということです。「今、自分に与えられたはたらきをする」ということです。

「天照大神《あまてらすおおみかみ》」という神様がいらっしゃいます。でも、あまてらすというと、どうも、照らしてやっているという感じがしてしまいます。本当は、「あなたたちに光を照らしてやる」というような、神格化されたものではないんじゃないかと思います。ですから、本来は「あまてる」なんじゃないかと思っています。

神様たちは、本当はもっとおおらかな世界だと思うんですよ。淡々と今日も照っている、休みなくずっと照っているということです。誰がみていても、みていなくても、三六五日ずっと照っている。それだけです。

人間も自分のはたらきを淡々とこなしている人こそ、美しいと思います。誰がみていても、みていなくても、はたらきが変わらない。それこそが本物の人なんじゃないでしょうか。

言霊《ことだま》のはたらき

これから先、ＡＩ（人工知能）がもっと台頭してくるとは思いますが、人とＡＩははたらきがまったく違います。

人の心の中の宗教心といいますか、森羅万象に対する信仰心は残りますし、そこがＡＩとは違います。人が持っている精妙で繊細な感性は、どの時代でも残るでしょう。

ですから、当然、人でしかできないことが未来の世界にもあるはずです。だから、私たちは命が与えられたのです。生きとし生けるものたちには命があります。人は万物の霊長だと言いますが、それは一体どんな意味だろうと考えることがあります。

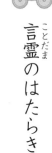

そして、わかったのは、言の葉、言葉があるということです。釈迦の八正道《はっしょうどう》でも語られていますが、正しい言葉を宗教的におさえています。天からの響きを与えられるような言の葉こそが、正しいものなんです。

なにも偉い人たちの言葉を借りて使え、というのではありません。自分で考え、

自分の口から発した言葉こそが輝きを持っています。

そして、話す相手によって左右されない自分の言葉が大切です。

学者さんと会ったり、お百姓さんと会ったり、医者と会ったりしても、つねに同じ自分の言葉を伝えられること。そこが大事です。

エネルギーを持った言の葉は、誰でも出せるんです。

誰もが、なにげない会話の中で、きらっと光った言葉、神々しい言葉を放つことがあります。

「はー、へー、」と度胆を抜か

れるような、素晴らしいと感動するような言葉が出たら、それが言の葉です。

すべての人がその言の葉を放ちますから、見逃さないようにすることです。宗教家とかなにかの先生がそういう言葉を吐くのではなく、誰でもがそうなんですよ。あなたもそうなんです。

「えー、そんなこと言いましたか?」と後で本人は覚えていないこともありますが、言っているんですよ。誰もが光った言葉を放つんです。

三・人の言の葉

人間はちょっと不良のほうがよい

私は幼少から本当にやんちゃな少年でした。青年になってもやんちゃがおさまらず、神社を継ぎたくなくて、若い時は、まぁ、好きなことをしてきました。私は、二十歳そこそこで結婚したにもかかわらず、ふらっと一人で海外放浪に出てしまうし、行先を告げずに突然いなくなってしまったり、今でいえば、家庭人として失格かもわかりません。

神職につく前には、いろいろな世界をみましたし、この世の上から下までを自分で体験しました。

上も下も知らないと、人として深みが出ない。上も下も知っているからこそ、中庸《ちゅうよう》に居続けようと思えるんです。バランスの大切さを肌で理解できるんです。どちらにも寄らず、真ん中に生きることが一番やさしいようで、一番難しいんです。

それと、人間は、革命を起こすくらいガッツがあって、不良心がある人のほうがよいんじゃないかと思っています。

今の時代、問題を起こさずに、無難に集団の中で上手に泳いでいるほうがスマートだなんて思われているみたいですが、そうでしょうか。

もちろん、出る杭は打たれてしまうので、出ようとしても、すぐに上からドスンと金槌《かなづち》で叩かれてしまうのかもしれませんな。

でも、若い人たち（若くなくても、です）に一言申し上げます。

せっかく生まれてきたのですから、なあなあで生きなさるな。

これというものがあれば、がむしゃらにそこに向かっていきなさい。

世界に一石を投じるくらいの情熱と覚悟で行動するのも素敵じゃないですか。

この世界に不満があれば、自分から革命を起こしてもいいじゃないですか。

世界を変えなくても、自分が変わっていけば、まわりが変わっていきます。まわりが変わっていけば、もっと大きな変革につながります。それが革命なんです。中世のたくさんの血を流す戦いだけが革命ではありません。

不良でも、はみだした人生でもいいんです。優等生でいなくてもいいんです。

世界に旗を立ててきた歴代の偉人たちは、みんな、どこか、はみ出していたんですから。

みんなと同じじゃなきゃダメだなんて思わずに、あなたらしく生きてください。

私の夢

私は、八十数年生きてきて、これまでもやりたいことをたいがいは全部やってきましたけれども、まだまだ夢がたくさんあります。

その一つは、天河神社の大神宮の復興です。

ここ天河には、かつて、大神宮がありましたが、今はその跡しかありません。それをなんとしてももう一度復興したいという強い思いがあるんです。もっと具体的にいうと、一万坪くらいの土地に大神宮を再建して二〇二四年頃には完成したいと思っています。

しかし、資金的にもたいそうなものになりますから、それは、それは、大事業です。ちょこちょこやっておこうという気持ちにはどうしてもならんのです。神様にお住まいになっていただく大切な場所ですから、最高の木材、最高の資材、最高の職人さんたちを揃えて、本当にきちんとした場所をおつくりし、復興したいと思っています。そうなると、お金も張ってきます。

神様は押しつけはまったくありませんし、神様の御心《みこころ》に沿うはたらきならば、叶うと思います。

みなさんにもいえることですが、なにかを望むなら、「やれるか、やれないか」より、「やるんだ!」という強い心を持ち続けることが大切です。そして、神様の心にそれが沿うならば、すべてがそう流れていくでしょう。事業となったら、随神だけでは為せないこともありますが、神様の心、そして、周囲のみなさんが納得してくれたら、ゴーサインです。

みなさんも、もしも、自分の夢があったら、何歳でも、どんな状況でも、すぐにあきらめないで、やってみることです。

神様が応援してくださっているならば、きっと叶います。

時間がかかっても、問題にぶつかっても、最後は心のままになるでしょう。

野生を取り戻す

今の人たちは、昔よりもとてもスマートで、がむしゃらになにかに向かって突き進むとか、失敗してもいいからぶつかっていくということがあまりないように思います。

インターネットの情報やらなんやらで、すっかりわかった気になってしまうのでしょうか。私が若い頃は、そんなものはなかったですから、なんでも、自分でやってみないとわからないんです。

それも、私の性格ですから、どうしても見てみたい、やってみたい、試してみたい、のぞいてみたい、体験してみたい、という欲求が強かったんですね。それで、アマゾンに行ってみたり、ロシアに行ってみたり、まぁ、なんでもやりたいことはやりました。

そして、そのすべてが今の自分の糧になっています。

しかし、今の日本人には野生がちょっと足りないような気がします。

野生的なエネルギーは、人間にとって必要です。

本来、人間も動物です。自分の直感を信じて、自分の心に従って道をつくっていき、狩りをしたり、魚をとったりしながら、生きてきました。そんな時代には、インターネットも本の知識もなかったんですから。

どうか、時には、野生を取り戻してください。てっとりばやいのはアマゾンにでも行って、原始の森でしばらくなにも考えずに暮らしてみることです。それは無理だというならば、違う方法でもいいので、いつもと違うちょっと不便な土地を旅したり、いつもと違うことをしてみたり、なにか行動をしてみてください。

男性に一言

この世で、女性がいなくなったら男性はすべて全滅します。産んでくれるのも女性ですし、育んでくれるのも女性です。しかし、そういうことだけでなく、女性のエネルギーは人類にとってとっても大切なんです。必要なんです。男性はいばっていないで、謙虚に、女性のノウハウをどんどん受けていくべきです。女性のはたらきは今後もっともっと大きくなっていくはずですから、今のうちに、女性たちからもっとさまざまなことを学んでほしいと思います。

太古の昔から、男性は太陽、女性は月などといわれていますが、今の時代、女性が太陽と月を掛け持ちして、多くの男性が惑星のように、それにくっついていっているんじゃないでしょうかね。

みんながみんなそうだとは申しませんが、どうも、男性のエネルギーが弱っているような気がしてなりません。

男性と女性はどちらもお互いに必要としていて、陰陽のバランスもとれるんです。

ですから、どうか、男性諸君、もっともっとみずからを磨いて、世界をどんどんひっぱっていく野心と精神力を磨いてください。

生きるということ

みんな、生きているということを当たり前に思っています。

でも、今生きていることは当たり前じゃないんですよ。素晴らしいことなんです。今、生きている喜びを知るということです。瞬間の喜びを、人間はすぐに忘れてしまう生き物です。

それを思い出すと、自分は生かされているんだということを思い出します。

「今日は疲れているから無理をしない」とか、自分の身体をいたわる意識も生まれてきます。生かされている今を大事にしようと思えてきます。

瞬間、瞬間、生かされていることをつねにありがたく思うこと。偶然に生きているわけではない。この大宇宙に、あなたは生かされているということを心の底から感じてください。

経済活動にも心がないといけない

どうもぎすぎすしているなぁと思う会社を見ると、大体、社員同士で水がうまく流れていません。どこか滞っているんですね。水はずっと循環しないといけません。会議一つとっても、物を売るとか、新商品をつくるということについて話し合っていても、真の心で精神論まで踏み込んでいないし、その部分を考えてもいない。箱の中に入っているような世界になってしまっています。

心と経済、心と仕事も、一心同体、表裏一体なんです。

すべて、奥底に心が流れていないといけません。

すべてに命が吹き込まれていないと、絵に描いた餅のようなものであって、人々に感動させることは難しいと思います。

どのような仕事をしていても、どのような生活をしていても、自分のはたらきをきちんとおこなう。

そして、そのすべてに命が宿っているのだということを意識しておこなう。

生きていることに喜び、感謝する。
これを知っているのと、知らないのとでは、その結果や成果が全然違ってきます。
結果や成果のためにやるのではなく、心を入れてはたらきをすれば、結果や成果が最良のものとなる。そう思います。

いらいらしたときのおさめかた

あれは正しい、これは間違いだ、これはよい、これは悪いという分離させた考えは、おやめになったほうがよろしいでしょう。


間違いがあるから、正しいものがある。

死があるから、生がある。

生があるから、死がある。


両方を受け止める自分をつくっていかないといけません。

そして、祈っていれば、その境地に入ることができるようになります。

私も人間ですから、ときには、いらっときたり、癇癪《かんしゃく》を起したり、怒ったりしたこともあります。

そういうときに神社に行っても、その感情の余韻が残ってしまいますよね。そうするとふと我に返って、「こんな感情で神様に会ったら本当にご無礼だ。こんなことじゃあかん」と思って、気持ちを落ち着かせ、息をふと抜いて、冷静になります。無になります。空になります。頭もからっぽにします。

そうすると、ふーっと軽くなって、自分の本体が戻ってくるような気がするんです。

神社には、人の本体を思い出させるはたらきがあるようです。

また、そういうときにかぎって、お祓いの参拝客がお待ちになっているんです。「こんな気持ちでお祓いをして差し上げるのもご無礼だな」と思って、「ちょっとお待ちください」と言って、心を整えて、祓い所に行きます。わざわざ来てくださった相手のことを考えて、最善の状態でいつもお祓いをして差し上げるようにしています。

人間はいくつになっても、まだまだ修行中だなぁとつくづく感じます。それにひきかえ、神様はいつも平穏です。人間はそうはいきませんが、まつらえば、まつらうほどにその境地に近づくことができます。

人生に迷っている人へ

生きていればいろいろな悩みがあるのが人生ですが、なにか悩みがある人は、中途半端な悩みが多いんですよ。

だから、「悩み切りなさい」とお伝えしています。

神社に来て、私の悩みを聞いてくれ、という人も時にはいますが、人に悩みを聞いてくれというのは甘えですからね。

もうとことん、自分で悩み切るんです。

もしくは、天河の弥山（天河神社の奥宮がある山）の頂上に登って、一人になって、もう腹の底から思いのたけを声にして発散するんです。

悩み切らないと、ずっとその悩みはくっついてきます。

私も若い頃はよく一人で山に登り、「どうしたらええんか教えてくれ！！」と大声で叫んでいました。

自分ではもうその悩みを手放したと思っているけど、実はまだ手放していないん

です。

苦しみを避けていても、苦しみはとれません。それを避けるのではなく、「その悩みを受けて立つ！」という気持ちで正面から向き合って、とことん悩み切ることです。すべての問題は越えられるんですから。与えられた問題はすべて消化できるようになっています。

大丈夫です。

宇宙と調和するための生き方とは

私は夜空を眺めるのが大好きで、しょっちゅう、天川村の澄んだ夜空を眺めています。そうして、壮大な大宇宙の空を眺めていると、「はて、私は一体どこから来たのだろうか…」と思ったりします。

どうも、どこか別の星で生きていた感覚というか、意識のようなものが身体の中にあるんですね。ほのかな感覚ですので、具体的にこうでこうだからという説明はつかないのですが、自分では、冬のオリオン座のベルトあたりから来たんじゃないかと思っています。さてさて、真実はどうでしょうか…。

でも、人はみんなどこかの星から地球を選んでやってきたんだと思いますよ。同じような時期に、いろいろな惑星から地球に集まってきて、今の世界を一緒につくっているのです。

そう思うと、すべての人が仲間であり、同士であり、大きな一つの大切な家族に感じませんか。そんな家族同士で、いざこざを起こしたり、いがみあったりするの

はとてももったいないと思いませんか。

みなさん一人ひとりがご縁でつながっています。むすばれています。ときには夜空を眺めてみましょう。そうすると、自分の故郷の星がわかるかもしれませんし、太古のうっすらした記憶がよみがえるかもしれません。そして、ご自分を一旦ゼロに戻して、元々持っているご自分の響きが奏でられるようになると、この大宇宙と再び共鳴できるようになるんじゃないでしょうか。

UFOの存在

私は、UFOや宇宙人の存在はあると思っています。宇宙船にもいつか乗せてもらいたいと願っています。

実は、この天河の土地はUFOが出やすいんですよ。いろいろな人と一緒にUFOを撮影したこともありますし、目撃したこともあります。

ですから、本当にUFOの存在は認めています。

百年後にはもっと普通に信じられていると思います。かなり昔の話ですが、「神々の出入り口」というタイトルで私のUFOの写真やら研究成果などを発表したこともあります。

「神職の人間がUFO？ やっぱりあそこの宮司様はちょっと変わっていなさるわ」と思われているかもわかりませんが、だって、実際にUFOは存在しますので、堂々と私は「UFOはいる」と宣言しています。

今はまだUFOも姿を出したり、隠したりしていますので、信じていない人たちもたくさんいらっしゃると思いますが、年々、目撃者の数が増えているところから考えると、彼らの計画があって、ある時期が来たら、彼らはきちんと姿をあらわすのかもしれません。

宇宙人と人類が普通に共存していく時代もそんなに遠くないでしょう。できれば、彼らと膝をわっていろいろなお話をしてみたい。宇宙に関するさまざまな謎をぶつけてみたい気がします。

今から、その日が楽しみです。

遡《さかのぼ》ればみんなが親戚になる

私たちは誰でも十五代くらい前まで遡れば、一万人くらいの親戚がいるそうです。となると、みんなが十五代遡っていけば、誰もがもはや親戚です。世界の国の人も同じです。みんなが巨大な一つの家族だということがわかるはずです。全員がつながっています。

ですので、今あちらこちらで起こっている諍《いさか》いは、すべては身内同士の小競り合いなんです。

そういう考え方をもってすれば、世界のいろいろな問題にも無関心でいられないでしょう。自分の身内が身内に殺されたりしたら、心穏やかにいられるはずがありません。全員がそういう考えをもっていれば、戦争だって無くなります。世界のいざこざも収束に向かうはずです。

日本各地や世界中で起こる事件や事故をどうか他人事だととらえず、自分のことだと感じる心でいてほしいと思います。

知識だけでは役に立たない

参拝者の中には、神社や神道がお好きで、よく勉強されている方がいます。そういう人の中には、こちらが「へー」、「ほー」と驚くような知識を山ほど持っている人もいます。

それはそれで、素晴らしいことなんですが、知識だけを頭に詰めこんで、自分がそれを実践していなければなんの役にも立っていません。いろいろな知識や情報を、自分で使えていないんです。

悪いことではないけれど、もったいない気がします。そういう人たちは頭だけを使っているんですね。

たとえば、一輪の花が咲いていたとします。目でみて、「きれい」と感じて終わるのではなく、全体で感じることです。

花の色がきれいだとか、そろそろ実ができてきたなぁという外的な様子に気づくだけでなく、花や木々をみても、そのエネルギー全体を感じることができるのです。

そうすると、花の命もわかるし、自分の中に完全に取り入れることができるんです。それが集結したものこそが、平和です。平和にならざるを得ないんです。すべては循環していきますから。

そういう感覚になると、平和を祈らなくても、おのずと平和になっていきます。平和を百万遍祈ったって、平和になりません。平和を祈り上げるための自分を、まずつくりあげる事です。

般若心経を百万遍読むよりも、般若心経というものを読んでいく心を自分の中につくりあげていく、養っていくことのほうが大切だと思うんです。

もちろん、般若心経を読まないより読んだほうがよいと思いますが、読まなくても、その本質を知っている人のほうが心の糧になっているんです。読むことだけに意識すると、読むことが大事になってしまうので、内容がその人の血肉にならないんです。

ですから、知識ばかりを吸収して、頭でっかちにならないで、心で物事をとらえ、感じ、味わえる人になってほしいと思います。

人々のお出迎え

私どもの神社は、おかげさまで毎日多くの方々にお参りいただいています。特に大きなお祭りや例大祭の時期などは日本中、世界中からたくさんの人たちが私に会いにきてくれます。「ちょっと宮司様にご挨拶を…」という人たちがとても多いのです。

御神事のときはやることが多いのですが、それでも、「うるさいなぁ」とか、「今日はたくさんのグループが来ていてなんだかザワザワしているなぁ」とか思ったことは一度もありません。

それよりも、出会う人たちによって、毎日、多くのことを学んでいます。そして、出会った人たちに心から感謝しています。

ですので、毎日、今日はどんな人と出会うのかと楽しみにしながら、自然と心からの感謝を込めて、人様をお迎えしています。

この人には世話になったから丁重に扱うとか、このグループはどうだとか、そんなへだたりは一切ありません。

神社の中にある琵琶苑《びわえん》（応接室）で、朝までずっとおもてなししていたことも昔はよくありました。その広間でみなさん泊まっていったりね。今は年齢がいっているのでさすがに朝までというのはありませんが、客人のみなさんにはできるだけのもてなしをしたいというのは今も昔も変わりません。

いつもできるかぎりみなさんに清々しく、気持ちよく、お参りしていただき、道中無事にお帰りいただく。私だけでなく、神社で神様にお仕えしてくださっているみなさんのおかげさまで、昔よりも多くの参拝者がきてくださっています。

人々をおもてなしする気持ち、感謝の気持ちが、透明な波動となって、それが天川一帯を包んでいるんじゃないかと思います。それを参拝者のみなさんも受け取って、さらにその波動をまた別の人たちに広げてくださっている。だからこそ、こんな山の中の神社がつねに人々でにぎわっているんじゃないでしょうか。

人へは真心をもって接する。

それもわけへだてなくつねに平らな精神で接する。

そういう心でこれからもみなさんをお迎えしていきたいと思っております。

自分が体験したことでしか進言できない

四十数年前のことですが、土地の名士たちが集まったある会合の席で、こんな話をさせてもらったことがあります。恐らく修験道について議論をしていたのでしょう。

「こんな若輩者の私がいうのもえらそうなことで申し訳ないですが……」と前置きして、ある進言をしたことがあります。

それは、「吉野熊野間の大峯七十五靡《おおみねななじゅうごなびき》を制覇して、初めて修験道といえるんじゃないだろうか」と進言したのです。

大峯七十五靡とは、吉野・熊野間の大峯山中に祀られ、神仏が宿るとされた、道ぞいにある七十五ヶ所の拝所・行所のことをいいます。かつて、この九十㎞ほどの大峯道を、行者さんたちが厳しい修行をおこないながら、粛々と歩いていったのです。

私は、このその場にいた人たちは「え?」と驚いたり、「なにを無茶なことを」という顔になりながら、「じゃあ宮司は歩いたことがあるんかいな」と聞かれたので、「はい。私は歩いています。明治から途絶えていて歩けないほどになってしまっていた荒れた山道を、再び人々が歩けるようにと、七年間ほどかけて木こりさん七名と道を復興させていただきました」と答えました。

私は山男じゃありませんが、ネイティブの血があるからでしょうね、森や山道をたんたんと歩いていくことが苦ではないんです。むしろ喜びなんです。今は足を悪くしてしまって長時間歩くことが難しいのですが、歩ければ、またアマゾンのジャングルを歩きたいくらいです。

私たちが吉野熊野間の山道を整備した後から、また多くの修験道が吉野熊野間の七十五靡を歩き始めました。それでどうのこうのという気持ちもまったくありませんが、人々がまた歩けるようになったことは本当に嬉しく思っています。

とにかく、私は自分が実際にやったことでしか語りません。

やったこともないのに、あたかもやったようにいうことはありませんし、相手にやったほうがよい、なんていうことももちろんいいません。

ただ、自分がやったからこそいえることがあります。頭よりも身体を使ってまずは自分で試してみることはどんな世界でも大事だと思います。

ただし、「これをしたからもう自分は完成した」なんてことは、死ぬまで思わないでしょう。

人間には完成がないからです。完了がないからです。

死ぬまで一体どれだけの体験をできるかわかりませんが、やりたいことはできるだけやってみたい。今でもそう思っています。

全身全霊で自然の音《おん》を聴く

天河神社と切っても切れない存在の一人は役小角《えんのおづぬ》です。

役小角をご存じない方のために少し説明しておきますが、役小角は七〜八世紀に奈良を中心に活動していたといわれ、修験道の開祖とされている人物で、役行者《えんのぎょうじゃ》、役優婆塞《えんのうばそく》、神変大菩薩《じんべんだいぼさつ》とも呼ばれています。

五色の雲に乗って空を飛び、海の上を走り、鬼神たちを自在に操り支配したともいわれ、天皇の政を疎《うと》み、主に山に住み、修行したといわれています。また、伝説では、葛城《かつらぎ》山（金剛《こんごう》山）で山岳修行を行い、さらに、熊野、大峯の山々で修行を重ね、金峯山《きんぷせん》（吉野）で金剛蔵王大権現《こんごうざおうだいごんげん》を感得したといわれています。

そして、私は、大峯七十五靡を設定された立役者は、役小角だと確信しています。

私は、天河神社に奉職しはじめた頃、毎夜毎夜、神社の能舞台に座り、「役行者さんよ、なぜ、大峯七十五靡を開山し、設定したのですか？」という問答を数年間続けました。

しかし、役行者さんからはなんの答えも得られませんでしたが、私の心の扉が開き、大峯七十五靡きは「あ　い　う　え　お…」から始まる五十音と濁音半濁音を含めた七十五の音を現象的に設定した神奈備《かんなび》（五十五頁を参照）であると確信したのです。

とことん深く冥想することを通して、大自然が繰り広げる壮大な森羅万象の響きをお一人お一人が感得できるでしょう。

太古からつながる音の響き〜五十鈴《いすず》

四千年前から天河に伝えられているとされる五十鈴は、文字通り、その中に五十の神々を内包しています。

人は荒霊《あらみたま》（肉体）、和霊《にぎみたま》（精神）、そして、中心になる真霊《まみたま》（魂）で成り立っています。

肉体は食物でつちかわれ、精神はおこないで内在しているものを表に現し、魂は清らかで明るくて正直で素直です。しかしながら、人間は一人ひとりがもっている真霊（魂）のおっしゃることを聞かないで、好き勝手に、気ままに飛び歩き、暴飲暴食をしたり、または他者を汚すことがあります。

五十鈴は、忘己利他《もうこりた》の精神を培って、媒体する神器であります。

自己を忘れて、他者を愛する心が自然につちかわれていくことになるでしょう。

学術的には天《あま》の安河《やすかわ》文化の原点をあらわしています。短い文では理解しにくいと思いますが、古くから存在している物の中に宿る深いはたらきや意味に気づき、百年後の透明な社会を築くための糧としてゆきたいものです。

人は死ぬまで発展している

私自身、八十歳を超えていますが、まだまだ今でも発展しています。神職についてから四十五年間ですが、毎日、毎日、発展しています。いえ、人は、生まれた瞬間から死ぬまで発展しているといったほうがよいかもしれません。

みなさんもそうですよ。

毎日、毎日、発展していて、自分の中の本体が四方八方にどんどん張り出していき、どんどん大きくなっているんです。

人は誰もが死ぬまで毎日発展しているんじゃないでしょうか。

昨日知らなかったことを今日知ったとしたら、大きな発展です。

昨日はこう考えたけれど、今日、こういうやりかたに変えてみた。これも発展です。

ほんの小さなことでもよいのです。新しいことをしたり、新しい人に出会ったり、古い考え方を少し方向転換したり。

そんなことでも十分にその人は発展しているといえるんじゃないですか。進歩発展のない人間はいません。毎日が同じように見えて、同じではないんです。昨日より今日、今日より明日、どんどん少しづつでも進歩して、発展していっています。

だから、人生は楽しいんです。

神道は「道」、仏教は「教え」

日本にはいろいろな道があります。

柔道を例にとっても、西洋は術《わざ》となりますが、日本は道《みち》となります。ほかにも、華道、茶道、書道、香道、武道、剣道、合氣道…ぜんぶ道です。どの分野でも、その道を究めるというように、道を歩んでいくんです。

神道も道（命）です。一方、仏教は「教」ですので、いわゆる教えの世界になります。

しかし、実は、仏教は神道の道と融合しているんです。太古の時代、神道はまだまだ土着的なものではありましたが、今の原型、ひな形としての神道はすでに存在していました。それを今の僧侶たちは仏教の教えだと思っていますが、実は昔から少しずつ神道と融合してできた形が、今の日本の仏教なのです。

ですから、お坊さんの作法は、ほとんど神道の作法なんですよ。

だからどうしたという話ではありませんが、意外と知られていないのです。

しかし、神道は道ですので、教えを広めるということもありません。ただ、神道も仏教もそうですが、そこに依存させたらあかんのです。道は命です。これからは、「教え」の時代から、「道（命）」の時代へ変わっていくんです。

昭和40年代にすでに私はこのことを伝えていますが、今の時代すでにどんどん変わっていっていると感じます。

一人ひとりの命を磨き、「個」として輝いていただくためには、一人ひとりが確立されないといけません。組織がその人たちを取りこんでしまったらあかんのです。ですから、一人ひとりが、ものの見方、考え方をちゃんとつくってください。そして、心をいつも自由にしておくこと。心がいつも自由でないと、肩がこって仕方ありませんよ。いろいろなところで厳しい戒律をつくり、一人でも信者さんたちを増やそうと努力している団体をみると、「なんだか大変そうやな。よくあんなことやっとんな〜」と思っています。

とにかく、自分に合うものを取り入れて、合わないものは取り入れなければよいのです。これだけたくさんの情報があふれている今の時代、自分の直感はどういっているかな、心はなにを喜んでいるかなと自らに聞きながら、自分に合うものを選んでいってください。

家にも気が通る

昔、関西のとある旅館の経営をやめようかどうしようか悩んでいる人から相談を受けたことがあります。

私のことでいえば、神社ですから、経営という意識があったらよくないのですが、やはり神社をこの先続けていくのはどうしようかと考えざるをえないときもあります。

普通の考え方とは逆かもしれませんが、私は、経営が苦しいときほど施しをするべきだ、まわりの役に立てる人間であるべきだ、と考えています。

その相談者さんの旅館でいえば、客がいなくても電気を切るわけにいきませんし、維持していくお金は毎日かかります。

宿屋も普通のお家もそうですが、人やお客がこないと気が流れません。人が誰も行き来しない家は一ヶ月もすると廃墟のようになってきてしまうんです。人が気を持ってきてくれるからです。

ですから、旅館の方には、「今まで来られたお客様をとことん大事になさい。そうして、とことんおもてなしをされることです。ただし、自分たちの生活がたちゆかなくなるのはよくないので、同時に気持ちだけ料金を値上げされたらいかがですか。たとえば一万五千円を一万五千五百円くらいにするとか。とことんおもてなしをされたら、料金の値上げの意味も、御主人の気持ちも、お客様はわかってくれます。そうしたらどうですか」というようにアドバイスをしました。気持ちのよい宿屋さんには人はまた来ます。どんな御商売もそうです。お客様を一番に考えて、心からのもてなしをする店は、たとえ、厳しい時期があっても、乗り越えられます。

経営も商売も心です。心が入っている経営や商売は立て直すことができると思います。

私の持論ですが、先のことを考えながら、今、動かないといけません。今のことを今考えても、仕方ありません。

結果、この旅館は立て直すことができて、今もお元気にやっていらっしゃいます。

商いも人生も、すべて、いいときとわるいときがあります。

わるいときにぶつかったら、今だけでなく、先もみる。そして、とことんまわり

に奉仕する心で自分の今できるはたらきをしていく。
悪い時期、厳しい時期こそ、人の役に立つように動いたらいいんです。まわりが明るくなるように動いたらいいんです。
きっと救いの手があらわれます。なにかの糸口が見つかり、状況が好転していきます。
神様は人のことを考えて、人のために動く人が大好きで、そういう誠のこもった透明な人柄の人には、愛が充満しているので、目に見えない天の気が自然とはたらくのではないでしょうか。

困ったときの神頼み？

私は、神様に願い事はしません。

お参りしたときには祝詞を唱えますし、「はて、どうしたらええんかいな」と尋ねることはあります。

「修行が足りないんだろうか、一体なにをしたらええんかな」と神様につぶやくときはありますが、「神様、〇〇してください」とお願いしたことは一度もないんです。

もしも、事業やなにかをするためにお金が足りないという問題が起こったら、神様の心に沿うものならばですが、きっとなんらかの形でお助けが入るんじゃないかなと思います。

今の時代、よいことにお金を出していこうという人たちが増えています。ですから、銀行からお金を借りるという形以外でも、共鳴してくれる人たち、応援してくれる人たちをまわりに増やしていくことで、お金だけでなく、力が集まってきます。

窮地に立ったとき、人は、神頼みしたくなります。それがよくないと申しませんし、実際、お願いごとにいらっしゃる方もとても多いです。神社の清浄な気を浴びるだけでもずいぶん心が軽くなりますから、お参りついでに心を軽くしていくのもいいでしょう。

ただ、問題が起こったとき、自分でも動いていきましょう。

自分で努力をしながら、神様にお願いをすれば、二倍のちからになります。神様にお願いしたから後は安泰だ、となんの努力もしないと、自分の成長になりません。がんばっている人、動いている人、自分のはたらきをきちんとやっている人には神様も助け舟を出してくださるんじゃないでしょうか。

風の吹くままに生きるのが随神《かんながら》の精神

随神《かんながら》とは、自然体ということです。

たとえば、お腹いっぱいのときにいくら御馳走をふるまわれていても美味しいと思えないですよね。そもそも食べられません。

お腹が空くまで待つことが必要です。そうでないと、命がある食べ物にも失礼ですよね。

お腹が空いたら食事をする。これが自然体ですよね。すべてが義務や仕事だったらしんどいでしょう。

宗教的には、いつなんどきでも、提供されたものはありがたくそのようにさせていただくということもありますが、私の考えは、自分の好きなことをやりなさい、ということです。

自分が好んでやること、自然に身体が動いていくようなことをやりなさい、ということです。

あそこを片づけなさい、という命令で動くんじゃなくて、自分が喜びの心で自発的に動いていくこと。

自分が違うことをしたいと思っているときに、あそこを片づけなさいといわれ、片づけるんじゃ喜びではないですよね。

そして、随神とは、神様と一緒にいること。自然体で、風が吹くまま、雲が流れるままに生きる。なかなかできませんけどね。

人間はどこか多少でもいばりたいという気持ちがあるので、なかなかこれを自然にできないんです。

神様は目に見えませんが、見えないところの光といいますか、見えないところの波動のようなかたちで、その存在を感じることができます。自分の皮膚の中に、光のような、なにかの存在を、感じてくるんです。

暑いときに、一陣の風がふわっと吹いてきたら「ああ、気持ちいいなぁ。神様がいらっしゃるなぁ」となんとなく感じます。

暑いときに仕事をしていて、日蔭にさっと入ると「ああ、心地いいなぁ。ありがたい」と感じますよね。これも同じです。

頭で考えるより、身体全体で感じることです。

いつもいつも頭だけで考えると、しんどくなります。

皮膚から、頭のてっぺんから、つま先から、全体で感じられるようになると、随神が感覚としてわかるでしょう。

今の人は、なにか代償があったら納得しますけれど、自然を感じるというのは、目に見えないし、代償がないから納得できない人が多いんです。自然や光から与えられる代償がないですからね。

そうなると、人はお金に頼っていくんです。お金が悪いとはいいませんが、お金は使いこなさないといかんのです。

人のために、世間のために、使いこなせば、お金も善になります。友達でも引き連れて、みんなに美味しいものを御馳走したり、なにかのために、誰かのために、お金を使って、みんなを楽しくさせてあげる。みんなが喜び、自分も喜ぶ。もしくは、世界の過疎地に病院や学校を建てたりする大事業をする人もいるでしょう。そんなお金の使い方ならば、お金さんも喜ぶでしょう。

しかし、欲やかたちがあるものの代償としてお金崇拝になってしまうのはよろしくありません。何一つあちらの世界には持っていけないのですからね。

この世はすべて随神です。神様といつも一緒にいる感覚。誰もがこの随神の心を元々はもっているんです。あなたの隣にも、私の隣にも、神様がいらっしゃって、一緒に歩いてくださっているのですから、なにもこわくありませんね。

そうやって、ただ、たんたんと生きて行けばいいんです。難しく、複雑に考えてはいけません。それが随神の精神です。

期待をしない。計算しない。こうなって、こうすると、ああなる、とか、考えずにたんたんと生きて行く。

自然もそうです。太陽が燦々《さんさん》と降り注ぐ日もあれば、台風になり、豪雨になり、地震も起こります。

しかし、すべてを受け入れること。受け入れるというのは、やれるということです。それと、復興なんて願わなくても、復興はできます。

でも、国に頼ったり、誰かに頼ったりしないこと。頼ると物事が遅れますし、議論がまっすぐに進んでいきません。

ご自分でまず動ける範囲で動くこと。そうすると、自然に、誰かが、なにかが、手助けをしてくださるようになっています。宇宙のしぐみはそうなっています。

おこないの中に哲学がある

どこの神社にも、本殿の奥には大きな御鏡が置かれています。あの御鏡は、参拝者の方々が鏡に自分を映し出す、鏡を介しておのれを見る、というはたらきをしています。ようするに、鏡とその人は合一している、一心同体ということです。

鏡というのは、古来より、日本では特別な意味を持っていました。

今の時代の生活習慣の中にもたくさんそれは残っています。

たとえば、昔は、嫁入りするときには、花嫁さんが桐の箪笥《たんす》や鏡台を嫁ぎ先に運んだものです。今の時代、わざわざ家具を自分の家から持っていく人はあまりいないかもしれませんが、昔は嫁入り道具を親が揃えてくれたり、自分の愛用品をトラックで運び出していたんです。そして、トラックや荷車で相手の家に荷物を運ぶとき、鏡は一番最後に運びました。なぜか。鏡とその人とは一体だったからです。

鏡は単なる姿見だけに使うんじゃなくて、自分の命の鏡といわれるくらい尊ばれたんです。鏡は自分のお印です。自分自身なんです。

そして、相手の家に着いたら、一番最初に運び込まれたんです。そのくらい、鏡は大切に扱われていたんです。

そういう、自然に考えられたことの方程式が、今はもうなくなってしまいました。昔は、合理的な考えの中にも哲学がありました。今のような、徹底的に無駄を省くといった味気ない合理的な考え方とは本質が違います。おこないの中に哲学がしっかり宿っていたように思います。

その哲学の中心にはやはり神様の存在があったと思います。生活の中につねに自然の神様がいらっしゃって、いつも神様と一体だったんです。拝むとか拝まないということではなく、普通の生活の中にいつも神様がいらっしゃるんです。それが生活なんです。

無駄をなくすということばかりにとらわれた合理化ばかりが進む今、昔のそういう生活を見直してもよいかもしれませんね。

嘘と方便の違い

「嘘も方便」とよくいいますが、嘘と方便はちょっと違うと思います。生きていれば、やむなく、嘘をつかざるを得ないこともあるでしょう。でも、嘘でなく、方便を使うようになると生活に笑いがあふれてきます。方便というのは笑いの中にしかないんです。笑いながら話ができることなんです。

その呼吸を置くだけのゆとりがあるんです。それがないと、嘘になってしまいます。たとえば、一人で甘い大福を食べに行きたいとします。それを奥さんにいうのはちょっとばつが悪いと思って、なにか聞かれたら「うん、友人とちょっとそこまで用事で行ってくるよ」と言ったとします。あとでなにかばれても「いや〜、急に大福が食べたくなっちゃってね」と言ったら、周りに笑いが起こるでしょう。

「なぜそんな嘘をついたんだ！」と怒る人はまずいません。これは方便であって、嘘じゃないんです。似ているけど、違います。

誰かを傷つけたり、だましたりする言葉ではないからです。

方便は時折うまく使って、みんなと和合していけばよいんじゃないでしょうか。聖人君子《せいじんくんし》じゃないのだから、いつも、ずっと真面目にかたくなに生きていなきゃいけないなんてことはないんじゃないかなと思います。

染みついた人の想念を祓ってあげるのが掃除

人が議論したり、いろいろな想いを乗せた言霊を発し続けていると、その場が、たとえば、家だったり、神社だったり、いろいろですが、その場所の柱などにその波動がどんどん染みついていくんです。いい悪いじゃなくて、そうなんです。

ですから、家や神社、お寺はまめにきれいにしておくのがよろしいかと思います。そして、年に一度、大祓いをしてあげて、祓い清めてあげるんです。年に一回は心から感謝を込めて、丁寧に、柱や壁や畳をきれいに祓い清めてあげてください。

波動を純粋にきれいにするためなんです。目でみえる埃《ほこり》を払うだけでなく、人の想念が染みついてしまった場の波動を清め、整えるというはたらきがあるんです。

汚れには、目に見えるものと、見えないものがあるというのを覚えておいてください。

建物も人間もそうです。泥だらけになった人は汚れているのが一目《ひとめ》でわかりますが、心が汚れている人は目で見えませんね。自分の心もそうです。汚れていたり、くすんでいたりすることもあるかもしれません。全部を清めるために掃除はまめにしてあげましょう。

国境はなくなる

これからは、お隣の国の文化は文化で尊重しながら、日本の文化や精神はきちんと守りつつ、互いに融合していく時代に入っていくんじゃないでしょうか。
どこかの国が、力関係で統一するんじゃなくて、み〜んな平らかな世界です。小さな国も、大きな国も、みんな同じ人間が住んでいるんですから、本当はすべて平等なんですよ。

そうやって、世界がまあるく、たいらに、統一されていくんじゃないかと思います。
私は、国境すらこれからなくなっていくと思います。
そのかわり、大地のエネルギーがいたるところでどんどん結ばれていきます。
人間の脳ももっともっと開花していくでしょうね。

人間は、宇宙のことをひらいても、大地のことをまだまだひらいていないんですから実に困ったもんです。これだけ科学が進んでも、百年後のことすらわからないのですから。

人は、大地や自然のことをもっと学ばないといけません。私たち人間は母なる地球に生かされているのですから。

心が汚れても魂は汚れない

よく、凶悪な罪を犯した人や世に疎まれる悪人などが「あの人は根っから魂が汚れているんだ」というようなことを言われたりしますね。でも、実は、違うんです。魂は決して汚れませんし、濁りません。汚れるのは肉体や心です。心と魂は同じではありません。心の真ん中に魂が入っています。

たとえ、心が汚れて濁ってしまっても、その中にある魂は、未来永劫、綺麗なまま、光り輝いています。

ただ、その人は肉体と精神が汚れてしまっているんです。これらを磨き直せば、すぐにきれいになります。犯罪者や極悪非道人と呼ばれる人たちは魂が汚れているというのは間違いです。

人のものが欲しいとか、うらやましいとか、妬むとか、盗むとか、そういうネガティブな感情は魂の中には絶対にありません。肉体と精神が濁っていると、そういう感

情が生まれてしまうこともあるでしょう。でも、どんな極悪人でも魂は永遠に清らかなんです。

人はおぎゃーと生まれてきたときから、天へ旅立つ日まで、ずっと魂は清らかなままで、変わることはありません。

ですので、人は、精神を清めれば、いつからでも、やり直すことができます。

本当の自分に立ち返ることができます。

自分の使命を思い出すことができます。

男女のご縁も天のはたらき

男女が愛し合って一緒になったとしましょう。

よく、神社にも、「おかげさまで、自分たちは運命の人を見つけることができました」と嬉しいご報告にいらっしゃるカップルや新婚さんがお見えになります。

でも、それは二人が運命の出会いをしたというよりは、その間をとりもつ天からの仲介者が必ずいるんです。宇宙と直結した介在者がいます。鳥居の真ん中に三本目の柱があるという話をしましたが、その存在です。二人のご先祖様のさらにご先祖様をどんどん辿っていくと、その存在に繋《つな》がります。その存在が二人を取り持ってくれているんです。お互いの数千、数万いらっしゃるご先祖様たちが二人を取り持ってくれているんです。

感じることはあまりないかもしれませんが、そういう見えない存在につねに感謝をお忘れなく。

自分たちの目に見える家族や仲間たちだけでなく、天からのサポートを受けていることを忘れずにいれば、何万といるご先祖様たちも、宇宙も、もっとみなさんを応援してくれるでしょう。

いつも宇宙の存在を意識して、共鳴できる人でありたいものです。

「神の存在がある」といつでもはっきりと意識できる人でいれば、たとえ、なにが起こっても、うろたえることなんてありません。

そして、すべての中に喜びを見いだせる人でいることができます。

ですから、見えないこと、小さなことにも、意識を向けられる人でありたいものです。人生の色彩が変わってきますよ。

玉砂利にハイヒール

天河神社は、奈良の山の中にありますので、足元が悪い道もありますし、山道のようなところもたくさんあります。東京や大阪のような大都会から参拝や御神事にいらっしゃる女性の中には、高いヒールのようなしゃれた靴をはいていらっしゃる人がいます。

でも、歩くたびにずぼっ、ずぼっ、と玉砂利の中にヒールが埋もれてしまって、とっても歩きにくそうです。

そして、都会のアスファルトの道をいつも歩く人は、歩き方が早いんです。なんやわからんけど、シャカシャカと忙しそうに歩いていますよね。

それは、自分の足元を見ていないからなんです。都会は道路清掃が行き届いていて、道になにか大きな石が落ちていたり、道がぬかるんでいたりしませんから、道に意識が向かず、自分で気を付けないんですね。

でも、田舎道は違います。自分で足の先をつねに見ていないと、大きな穴が開いていたり、道の真ん中に石が転がっていたりします。そういう人は、自分の足元をきちんと見つめるゆとりを持ってもらったらよろしいかとと思います。

地をみて、天もみる。どちらの視点も大切です。

神社は境内に玉砂利が敷き詰めてありますので、いつも早歩きする人も早歩きがうまくできないようになりますが、それでいいんです。いつものペースと違う時間を過ごすことはとても大事なんですよ。山歩きをする人はゆっくりゆっくり歩きますが、とっても粘り強い。雨が降っても、風が強くても、一歩一歩、歩みを進めて行きます。いつでもペースが変わりません。最善のペースを守って、着実に前に進んでいきます。これはこれで大切です。

神社にせっかくいらっしゃったら、いつもと違うペースで歩いてみると、新しい発見があるかもしれませんよ。

昔の先人たちは波動使いの達人

遥か古代には、「あ」という音だけで、二百種類くらいあったそうです。「あーあ」という残念なときに発するような音から、「あー、驚いた」のあーというびっくりする音は現代でもありますが、そんなもんじゃありません。もっともっと「あ」という音だけで、意思の疎通を図っていたんです。音でどのような意味かを聞きわけるんですから、まさに音＝気＝波動の世界です。

昔は、動物的勘をみんなが持っていたんです。でも、現代人はそれを退化させてしまったのでしょう。

もっというと、昔は、今みたいに家同士が近くにありませんでしたから、自分がいる山と、向いの山にいる人たち同士で、波動やテレパシーを使って会話をしていたのかもしれません。

また、蛇足ですが、瑞夢《ずいむ》という言葉を知っていますか？

これは、ある種の御託宣とか波動の世界の現象で、夢のことです。自分が思った人が目の前に現れたりすることを意味します。それは自分が描いたことを現実化しているんです。本当は私たちにもその能力があるのです。波動を使ったいろいろな能力が、本来の人間には備わっていました。

しかし、年月が経つほどに、能力が衰えてきて、もう使えることすら覚えていないのではないでしょうか。

本来、人は五感以外の能力をもっともっと使えるはずです。日々の便利な生活の中でその能力を忘れてしまっているだけなんです。

今はみなさん携帯やメールに頼り切っていますが、これから先、太古の昔みたいにまた波動で互いにおしゃべりする時代に戻るのかもしれませんね。「携帯なんて古いよ。まだ使っているの？」と言いながら、手ぶらで、どこからでも、誰とでも、自由に交信できるようになったら楽しいですね。

痛い、苦しいのは生きている証

どんなつらい状況が起こっているとしても、この世に、ご両親から生まれてきた自分自身を信じてください。

今、この瞬間、生きていることの喜びを感じてください。

なにかにつまずいたり、大きな悩みや問題を抱えていて、痛かったり、苦しかったりしたら、それは、今生きている証拠です。

今、あなたが生きているのは間違いないんですから。

生きているから、痛かったり、苦しかったりを感じることができるのです。生きている証です。

そして、生きるということは、清濁併《せいだくあわ》せのむということです。

綺麗なお花畑の景色だけを眺めながら、生きていくことはできません。もしそうであれば、この世に生まれて、一体なんの学びを得られるのでしょうか。

あえて苦しみなさいなんていいません。ただ、もしも、人生の道程で、苦しみや哀しみに耐えがたくなったら、この感情は生きているから感じているのだと思ってほしいんです。

今、生きていることは、なににも替えられぬ素晴らしい体験です。

それを自分で終わらせたりしないで、天命をまっとうするまで、とことん、味わってください。

どう頑張っても人はいつか宇宙へ還ります。

それならば、とことん、この世界のすべてを味わい尽くしてから、あちらへ旅立ってもよいんじゃないでしょうか。

私は八十年以上生きていますが、全然時間が足りませんよ。まだまだやりたいことがあり、目標があり、夢があります。それをあと何十年の中で終わらせるのですからそりゃもう大変です。

ですから、みなさんも、つまずいても、転がってもいいから、自分がこれをしたいというものを見つけたらまずやってみる。苦しみや痛みが伴うかもしれませんが、それでも、痛みを避ける人生よりよほど楽しいと思いますよ。

天河での御神事の意味

天河神社ではさまざまな御神事を年中行事として行っています。御神事とは、神様や天地《あめつち》自然に喜んでいただくためのおこないをするということです。音楽も祭りごとですので、神様たちは喜んでくださいます。

御神事とは産巣比《むすび》の技、物事を生み出していく技を披露するセレモニーと考えています。目で見て、耳で聴いて、心に感じてくるようなものすべてが御神事になりえます。五感に響くものです。それを受け取って、自分の中から今度はなにかを生み出せるようになればもっとよいでしょう。

音の響きを全身で受け止めて、それを自分の中でさらに響かせていく。これこそが御神事の意味になります。

その響きがどんどん周囲の人たちに波及していき、また響きが大きくなっていく。神様や自然と一体になっていく。

それこそが神様の喜びとなるのではないでしょうか。

百年先の意識

さて、百年後に一体人類はどうなっているのでしょうか。私はこの惑星から旅立っていると思いますが、百年は本当にあっという間です。

植物にたとえて、お話ししたいと思います。

たとえば、果物は、苗付けから始まって、木になって、実をつけるまでに十年以上かかるものもたくさんあります。樹木に関してはもっともっと時間がかかりますから、百年の体系を持たないといけません。

要するに、一人前の立派な樹木に育つまでには、三代かかるということです。おじいちゃんが植えた苗が、孫の代でようやく幹の太い立派な木になるということです。

人間も、木を植えて成長するくらいまでの長い視野を持たないといけません。物事はそれくらいの時間がかかることもざらにあるからです。

百年後というと、現代では、「百年！！　そんなの自分は生きておれんわ〜」という意識が強いと思いますが、いやいや、光陰《こういん》矢のごとし、まばたきしていたらもう百年ですよ。

今の世の中の意識は、どんどん短くなっていて、せいぜい一年くらいのスパンではないですか。種をまいて、芽が出て、花が咲いて、実になるまで一年くらいまでしか待てないし、それ以上のスパンを想像ができないんです。実際、そのくらいならば自分で家庭菜園の野菜を面倒みられるでしょう。

でも、樹木が成長するまでの百年の意識は現代人にはないんです。

今の人類の意識は、果物までもいっていないのです。目の前の短い時間をちょこちょこと積み上げているだけなんです。

とうてい百年の意識までいっていません。

リンゴを育てる人たちの息子さんはその体系を持っている。お米を育てる人たちの息子さんもその意識を持っている。しかし、樹木や植物と直接触れ合っていない人たちには、その時間の長さが理解できないかもしれません。

自分は、百年後の地球がどうなっていてほしいのか、この世界がどうなっていてほしいのか、日本がどうなっていてほしいのか、じっくり考えてみてください。

そして、それに向かって、今、自分が一体なにができるのか見つけてみてください。立派な樹木も最初はかぼそい苗だったのです。水や太陽をたっぷり浴びながら、風に吹かれながら、少しずつ幹が太くなり、根がしっかりと四方に広がってきて、枝が張り出してきて、葉が生い茂ってくるのです。

人間も同じです。百年後、千年後を見据えた理想を描く。想像して、創造していくのです。すべては想像から始まります。

百年後はみんなの意識の結晶です。どうせなら、安心と安全と調和に満ち溢れた、たいらな世界を想像して、創造しましょう。

百年後の世界を想像する

では、百年後の世界の人間の心はどうなっていくのでしょう。

もしかして、満たされ過ぎて、自分がやりたいことがわからなくなるかもしれません。不足感から自分の生活をよくしようというような感覚もすでにないでしょうしね。

ＡＩと人間の間にも恋愛関係、婚姻関係が生まれるかもしれません。いわゆる、ＡＩとの結びが生まれるかもしれません。人と人、ＡＩとＡＩ、人とＡＩのようにご縁によってむすばれる相手も多様になってくるかもしれません。もしかして、宇宙人と人類とのむすびもだんだん普通になってくるかもわかりません。遅かれ早かれ、この世界はもっと多様化してきて、それが一般的になっていくでしょうね。

神社はどうなるかというと、お社はなくなっていくかもしれませんが、自然崇拝の形は引き継がれていくでしょう。

信仰心は不変ですが、かたちが進化していくでしょうね。日進月歩どころか、秒単位で今の時代はどんどん変化しています。百年後、五百年後にもこの神社があればと思いますが、どうなっていくかは天の意思にお任せしています。

私の望みは、これからも、天河の森から地球に音を響かせ、輝かせていきたい、ということです。

神社のはたらきも、音の世界であり、とりわけ、天河神社は水や芸能の神様である弁財天様をお祀りしているので、芸能に関わる方や音楽に携わっている人たちがたくさんお参りにきてくださいます。私自身も音楽が大好きですので、本当にみなさんと神様に音をご奉納するのは楽しいのです。

音は百年後もなくなりません。音楽も百年後になくなりません。百年後、千年後にも残るものには、その理由があるということです。神社のお社がなくなっても、音によって、音を使って、人々は天とつながっていくのかもしれませんね。

ＡＩと宇宙人の話

今ではもうさまざまなＡＩが誕生していますが、あと五十年以内には、能力的には人間とまったく変わらないＡＩが完全に完成するんじゃないかと思っています。百年後には人間はもうなんにもすることがなくなっているかもしれません。

ですので、短命になるかもしれません。やりたいこともなくなったり、動かなくなったり、ぼーっとしていて、和やかでよいのかもしれないけれど、そこで、また支配者が出てくる可能性もありますね。

もしくは、別の星に移住して、人間がエイリアンに変わるのかもしれません。神社の宮司がこんなことを言うのはおかしいかもしれませんが、ＡＩは人間のテクノロジーが生み出したものですから別物としても、エイリアンや宇宙人など、この広い宇宙の中で人類以外に生命体がいることはまったく不思議なことではありません。人類以外の生命体がいないと思うほうが、違和感を覚えます。

百年後はまだ自由な行き来が難しいかもしれませんが、数百年後、千年後にはもう普通に誰もが宇宙人とコンタクトをしたり、自由に惑星から違う惑星へワープしたりする時代になっているかもしれません。

この世界にはないことはない、すべてがあり得る。そういう心持ちで生きていると、大きな変化にも驚かずに、しなやかに、軽やかに、なんにでも対応できるのではないでしょうか。

私は、過去に、何度も天川村でUFOを呼んでいましたし、撮影にも成功していますので、彼らの存在は信じています。そして、それがオカルトではなく、ごく普通になる日が到来することを楽しみにしています。

宇宙人の話をしましたので、もう一つとても大切なことを申し上げておきます。

地球で、今後、核を使ったら絶対にいけません。もしも核を使ったら、地球はもちろんのこと、この聖なる大宇宙を汚してしまうんです。人類だけでなく、宇宙人だって困ります。人類よりはるかに覚醒して賢明な宇宙人たちは核よりもはるかに高い技術を持っていると思いますが、彼らは聡明さゆえに核を決して使わないはずです。

ということは、今の地球人は、まだまだ彼らよりも意識が低いということです。もしも、地球で今後もまた愚行を重ねて、核のボタンをどこかの国が押してしまったら、その集合意識が宇宙に飛んでいきますから、それは、それは、彼らに対して非常によろしくない波動を送ることになります。

忘れないでください。宇宙と地球との交流はもうすでに始まっていますから、すべては一つ、合一の精神、和合の精神をみんながもっていれば、戦争なんてできないはずなのです。

私たち人類はもともと同じところから生まれてきました。肌の色や国や民族や言語の違いなんて勝手に人間が区別しているだけです。

神様から見たらみんな同じ仲間であり、兄弟姉妹であり、大きな一つの家族です。その家族たちがみずからの利権や名誉のために喧嘩しているのですから、それはとても恥ずかしいことです。小さなことなんです。

どうか、この世界に起きているさまざまな事象を他人事だと思わずに受け止める心を養ってほしいと思います。

みんなは自分であり、自分はみんなななのです。

地球はまるいですよね。人の心も本当はまるいのです。

角はありません。自然のものはほとんど角がないんですよ。

どうか、この世界がこれからもまるく、まるく、平安で安寧でありますように。

この本を読んでくださったみなさん一人ひとりから、できることから、はじめてみてください。

◉あとがきにかえて

私は天河神社の宮司として早半世紀、神様と人様の中執り役のお仕事をさせていただいていますが、その間に何人の人たちにお会いしたかわかりません。御神事やお祭りごとなどではかなりの数の人たちがお参りにいらっしゃいますので、何千人、何万人、もしかして何十万人の方々とお会いしたかもしれません。

人と人とはご縁です。神社の宮司という仕事は神様仕事ですので、神様へ捧げる祝詞を奏上したり、神社の掃除をして場や自分を清め祓ったり、御祈祷をさせていただいたり、御神事を執り行ったり、さまざまなことをいたしますが、人とお会いするのも一つのお仕事かなと思っています。仕事という言葉を使うと、義務感や渋々やらされているというイメージがついてしまうかもしれませんので、仕事という言い方は正しくありません。私は心から喜びを感じて、人様とお会いしています。生きている中で、本当にたくさんの方々にお会いしてきましたが、本書もそのようなご縁で生まれました。

今回の本の依頼をしに天河にわざわざ来てくださった一人は、もう二十年以上前から天河に通ってくださっている男性です。今回の本のデザインなども彼が手がけてくださいました。また、彼のお母様が細谷佳香《かこう》さんという書道家で、今回の表紙にある「天河」という題字もお母様に書いていただきました。実は、天河神社の敷地にある「南朝黒木御所跡」の石碑の文字も、当時、お母様にお願いして、書いていただいたものです。石碑は今も健在で、今でも南北朝時代の御霊をなぐさめ、この世の安寧を願い、静かに私たちを見守ってくれています。天河にいらした際にはどうかこの石碑にもお参りください。

そして、彼の妹のＭＩＳＡＯさんはプロのヴァイオリニストであり、平成三十年七月に行った、天河神社の本殿ご造営三十周年を祝った記念大祭でも奉納演奏してくださり、美しいヴァイオリンの音色を天河の地に響かせてくださいました。

というように、何十年にも渡り、ご家族で天河とご縁をむすんでくださっている人たちなのです。天河は、他にもこういった方々がたくさんいらっしゃり、人と人とがどんどんつながっていく場所のようです。

ですので、今回の本も、人と人とのむすびで出来上がりました。すべてはむすびです。ご縁です。しかるべきタイミングでご縁がむすばれ、しかるべきタイミングで物事は運ばれるのでしょう。そうやって生まれた今回の本が、また、新たな人とのご縁を運んでくるかもしれません。

この本を手に取ってくださったみなさまとも新しいご縁がむすばれたということです。そして、そのご縁はどんどん広がっていくことでしょう。そうやって、この世がたいらに、まるくなっていけばありがたいことです。

最後になりましたが、ヴォイスの大森浩司社長様、カバーと本文デザインを手掛けてくださった細谷毅様、編集の北條明子様、題字を書いてくださった細谷佳香様、写真提供から編集協力までさまざまな作業を手伝ってくださった谷島美恵子様、そして、写真提供にご協力いただきました天川村役場の皆様、ご縁のあるすべてのみなさま、生きとし生けるものすべて、この大宇宙に感謝いたします。

そして、これから新たにご縁をむすぶみなさまともお会いするのが楽しみです。みなさま、ありがとうございます。

どうか、この世界が、未来永劫、たいらかで、やすらかでありますように。

この本が、そのためのほんの一端でも担えれば幸甚にたえません。

平成三十年九月

柿坂 神酒之祐

著者プロフィール

柿坂 神酒之祐（かきさか みきのすけ）

昭和 12 年生まれ。奈良県吉野郡天川村に、七人兄弟の末っ子として誕生。若い頃には南米アマゾンで暮らしたり、世界中を旅して、現地の人々の祈りの儀式などを実際の体験で学ぶ。その後、さまざまな仕事を経験しながら、父が宮司を務めていた天河神社で、掃除人として日々掃除に明け暮れる。1966 年、大峯本宮 天河大辨財天社 第六十五代宮司に就任し、現在に至る。
芸能の神とされる弁財天様をお祀りしていることから、世界中から多くのアーティスト、音楽家、歌手、俳優など芸能関係者が天河を訪れており、影響を与えてきている。また、過去には、トランスミュージックをかけながらの護摩焚きや、国内外のアーティストたちによる奉納演奏など、自由で独創的な御神事や祭りごとを執り行い、神社の中でも非常にユニークで異色の存在となっている。

100年後の人たちへ
賢人からの遺言
たいらけく やすらけく

2018年10月17日　初版発行
2021年 6 月 5 日　第2刷発行

著　者　　柿坂 神酒之祐

編　集　　北條 明子（HODO）
装幀・DTP　細谷 毅（HODO）
編集協力　谷島 美惠子
カバー題字　細谷 佳香
写真提供　天河大辨財天社／天川村役場

発行者　大森浩司
発行所　株式会社 ヴォイス 出版事業部
〒106-0031 東京都港区西麻布 3-24-17 広瀬ビル
☎ 03-5474-5777（代表）
☎ 03-3408-7473（編集）
FAX 03-5411-1939
http：//www.voice-inc.co.jp/

印刷・製本　株式会社光邦

ISBN978-4-89976-483-0　C0011